Walther Ziegler

AF236164

Rawls
in 60 Minuten

Dank an Rudolf Aichner für seine unermüdliche und kritische Redigierung,
Silke Ruthenberg für die feine Grafik, Angela Schumitz, Lydia Pointvogl, Eva Amberger,
Christiane Hüttner, Dr. Martin Engler für das Lektorat
und Dank an Prof. Guntram Knapp, der mich für die Philosophie begeistert hat.

Denn solange wir aus guten Gründen glauben, dass eine [...] gerechte politische und soziale Ordnung [...] möglich ist, können wir [...] hoffen, dass wir oder andere sie eines Tages irgendwo verwirklichen werden; [1]

Bibliografische Information der Deutschen Nationalbibliothek:
Die Deutsche Nationalbibliothek verzeichnet diese Publikation in der Deutschen
Nationalbibliografie; detaillierte bibliografische Daten sind im Internet über www.dnb.de
abrufbar.

© 2019 Dr. Walther Ziegler
Umschlaggestaltung und Grafik des gesamten Buches: Silke Ruthenberg
unter Verwendung von Illustrationen von:
Raphael Bräsecke, Creactive – Atelier für Werbung, Comic & Illustration (Zeichnungen)
© JackF - Fotolia.com (Bilderrahmen)
© Valerie Potapova - Fotolia.com (Bilderrahmen)
© Svetlana Gryankina - Fotolia.com (Sprechblasen)
Herstellung und Verlag:
BoD – Books on Demand, Norderstedt

ISBN 978-3-7528-4912-7

Inhalt

Rawls' große Entdeckung   7

Rawls' Kerngedanke   23

Warum wir die Frage nach Gerechtigkeit stellen:
Die drei Grundtatsachen der Menschheit   23

Der Urzustand – die Stunde Null bei der
Auswahl der idealen Gesellschaft   29

Der Schleier des Nichtwissens
und die Maximin-Regel   36

Die zwei Gerechtigkeitsgrundsätze:
Das Gleichheits- und das Unterschiedsprinzip   43

Robinson Crusoe, Freitag, Dagobert Duck
und John Rawls stranden auf einer Insel   55

Was nutzt uns Rawls' Entdeckung heute?   64

Die am wenigsten Begünstigten heranführen
– Rawls' Kritik am Kapitalismus   64

Die faire Güterverteilung:
Praktisch umsetzbar oder reine Theorie?   75

Der Schleier des Nichtwissens –
ein übertragbares Entscheidungsprinzip?   81

Rawls' Vermächtnis:
Die unsterbliche Forderung nach Gerechtigkeit   88

Zitatverzeichnis   93

Rawls' große Entdeckung

Der Harvard-Professor John Rawls (1921-2002) ist der wohl bedeutendste Denker Amerikas. Im Alter von fünfzig Jahren veröffentlicht er sein philosophisches Hauptwerk *Eine Theorie der Gerechtigkeit*. Bereits der Titel ist seit seinem Erscheinen im Jahre 1971 bis zum heutigen Tag eine Provokation. Denn eine solche Theorie, so die vorherrschende Meinung, könne es doch gar nicht geben, da Gerechtigkeit immer eine Frage des persönlichen Standpunktes sei. Jeder hält aus seiner Perspektive etwas ganz anderes für gerecht oder ungerecht. Und jetzt kommt ein amerikanischer Philosophie-Professor und behauptet, dass er eine zeitlose und für jedermann gültige Definition von Gerechtigkeit gefunden habe.

Tatsächlich erlebt das Buch einen kometenhaften Aufstieg und wird innerhalb von drei Jahrzehnten auf der ganzen Welt bekannt. Es gehört inzwischen zu den Klassikern der Philosophie und gilt als wichtigstes Werk der politischen Ethik. Kein Zweifel – *Eine Theorie der Gerechtigkeit* ist ein bahnbrechendes

7

Werk, das nicht nur Wissenschaftler und Politiker fasziniert, sondern zu Recht bereits vielerorts in den Schulunterricht einfließt.

Rawls stellt darin die große Frage nach der gerechten Gesellschaft: Nach welchen Prinzipien muss eine moderne Demokratie organisiert werden? Von der Antwort auf diese Frage hängt vieles ab – so auch die Beurteilung unserer gegenwärtigen Verhältnisse. Wir dürfen uns nämlich auf keinen Fall mit weniger zufrieden geben als mit der, so Rawls wörtlich, „vollkommen gerechten Gesellschaft":

Schon auf den ersten Seiten seines Hauptwerkes formuliert Rawls das ehrgeizige Ziel und die ungeheure Dimension seines Projektes:

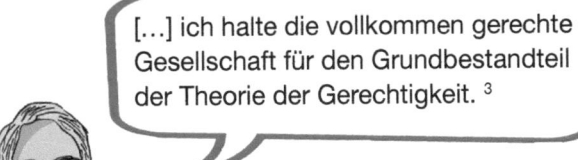

[...] ich halte die vollkommen gerechte Gesellschaft für den Grundbestandteil der Theorie der Gerechtigkeit. [3]

Wie aber soll sie aussehen, die „vollkommen gerechte Gesellschaft"?

Die Frage nach der bestmöglichen Form des Zusammenlebens hat in der Philosophie eine lange Tradition. Bereits in der Antike entwirft Platon in seinem Buch *Politeia* einen Idealstaat, der von gut ausgebildeten Philosophen-Königen absolut gerecht regiert wird. In der Renaissance beschreibt uns Thomas Morus in seinem Roman *Utopia* eine vollkommen harmonische Gemeinschaft von Menschen, die eigentumslos und glücklich auf einer Insel leben. Seine phantasievolle Wortschöpfung Utopia, abgeleitet vom altgriechischen „ou topos", was so viel wie „Nicht-Ort" heißt, ist zur Beschreibung von Zukunftsvisionen inzwischen in den allgemeinen Sprachgebrauch eingegangen. Am Vorabend der Französischen Revolution schließlich entwirft uns Rousseau in seinem Buch *Der Gesellschaftsvertrag* eine ideale Gemeinschaft von absolut freien Bürgern, die sich durch Volksversammlungen selbst regieren.

Rawls war also keineswegs der erste, der die Frage nach der idealen und gerechten Gesellschaft gestellt hat. Doch am Ende leistet er dann doch erheblich mehr als alle seine Vorgänger. In seiner Theorie der Gerechtigkeit entwirft er nicht nur eine Utopie, also eine Wunschvorstellung von der idealen Gesellschaft, sondern gibt uns darüber hinaus erstmals ein Verfahren an die Hand, mit dem jeder Mensch die gerechte Verteilung von Gütern und Lebenschancen überprüfen kann.

Denn, so Rawls, es genügt letztlich nicht, sich mit viel Phantasie eine ideale Gesellschaft auszumalen, man muss darüber hinaus begründen können, warum es sich dabei auch tatsächlich um die bestmögliche handelt. Hierfür macht er etwas sehr Modernes: Anders als etwa Platon oder Morus beruft er sich zum Beweis seines Gerechtigkeitskonzeptes auf die demokratische Zustimmung und den Konsens aller Bürger. Nur wenn alle Beteiligten die definierten Gerechtigkeitsgrundsätze einer Gesellschaft auch akzeptieren, argumentiert Rawls, seien sie wirklich gerecht.

Im Grunde müssten alle Individuen, die sich in einer Gesellschaft zusammenschließen, vorab in einem Vertrag oder einer Urkunde vereinbaren, nach welchen Grundsätzen sie künftig zusammenleben wollen. Ob sie beispielsweise eine ungleiche Gesellschaft mit Patriziern und Sklaven, mit Kapitalisten und Arbeitern oder eine klassenlose Gesellschaft ohne jedes Eigentum mit völliger Gleichheit bevorzugen oder vielleicht sogar eine ganz andere Organisationsform:

> Die Menschen sollen im voraus entscheiden, wie sie ihre Ansprüche gegeneinander regeln wollen und wie die Gründungsurkunde ihrer Gesellschaft aussehen soll. [4]

Rawls ist somit ein Befürworter der sogenannten „Vertragstheorie", wonach eine Gesellschaft nur dann legitim ist, wenn alle Mitglieder in einer Gründungsurkunde oder einem Vertrag ihre Gesetze und Grundprinzipien selbst vereinbaren oder diesen zumindest im Nachhinein theoretisch zustimmen könnten. Man spricht im ersteren Fall von einem

„historischen", im zweiten von einem „hypothetischen Vertrag". Gemäß der Vertragstheorie schließen die Bürger also einen Vertrag ab, in dem sie die faire Verteilung aller Güter und Lebenschancen regeln und in dem jeder sein Einverständnis erklärt, sich künftig an die vereinbarten Grundsätze zu halten:

> [...] so muß eine Gruppe von Menschen ein für allemal entscheiden, was ihnen als gerecht und ungerecht gelten soll. [5]

Solche historischen Verträge, in denen eine Gruppe von Menschen ein für alle Mal entscheidet, was ihnen in der künftigen Gesellschaft als gerecht oder ungerecht gelten soll, hat es in der Geschichte tatsächlich gegeben. Beispielsweise schlossen 1620 die „Pilgrim Fathers", eine puritanische Auswanderer-Gruppe aus England, während der langen Überfahrt nach Amerika auf dem Schiff Mayflower einen solchen Gründungsvertrag. Der berühmt gewordene „Mayflower-Vertrag" regelte das gesamte religiöse und weltliche Zusammenleben der Auswanderer in ihrem späteren Siedlungsgebiet als gleiche und freie Bürger in einer sich selbst regierenden Gemeinschaft.

Als überzeugter Anhänger der Vertragstheorie hätte sich Rawls sicherlich gewünscht, dass auch die heutigen Amerikaner noch einmal darüber abstimmen dürfen, nach welchen Gerechtigkeitsgrundsätzen sie künftig zusammenleben und zu welchen sie sich vertraglich verpflichten wollen. Doch obwohl Rawls beim früheren Präsidenten Bill Clinton öfter zum Abendessen war und somit gute Beziehungen zum mächtigsten Mann der Welt hatte, wusste er natürlich, dass eine solche Abstimmung niemals durchzusetzen ist. Auch schien es ihm illusorisch, die US-Bürger nachträglich noch einmal zu befragen, ob sie tatsächlich der amerikanischen Verfassung, der kapitalistischen Produktionsweise und der ungleichen Güterverteilung zustimmen und freiwillig beitreten wollen:

> Natürlich kann keine Gesellschaft ein Plan der Zusammenarbeit sein, dem die Menschen im buchstäblichen Sinne freifreiwillig beitreten; Jedermann findet sich bei seiner Geburt in einer bestimmten Position in einer bestimmten Gesellschaft, die seine Lebenschancen entscheidend beeinflußt. [6]

Anders als die Pilgrim Fathers, so Rawls, werden wir als moderne Menschen bereits in eine bestimmte Gesellschaft hineingeboren und erst gar nicht gefragt, ob wir die jeweilige Staatsform, die Wirtschaftsweise und die Verteilung des Wohlstandes gerecht oder ungerecht finden. Und selbst wenn es möglich wäre, beispielsweise alle Neugeborenen der USA an einem bestimmten Stichtag – etwa beim Erreichen ihres achtzehnten Lebensjahres – zu befragen, ob sie weiterhin in der von den Gründungsvätern vereinbarten Gesellschaftsordnung leben wollen oder stattdessen eine neue bevorzugen, käme dabei unter Umständen kein gutes Ergebnis heraus. Denn, so Rawls, es gäbe die Versuchung, dass sich jeder Einzelne nur für die Gesellschaftsordnung entscheiden würde, von der er sich den größten Vorteil verspricht:

> Wenn zum Beispiel jemand weiß, dass er reich ist, könnte er es vernünftig finden, für den Grundsatz einzutreten, daß gewisse Steuern, die Wohlfahrtsmaßnahmen dienen sollen, als

> ungerecht zu betrachten seien; weiß er, daß er arm ist, so würde er höchstwahrscheinlich für den entgegengesetzten Grundsatz eintreten. [7]

Rawls stand also vor einer großen Herausforderung.
Einerseits wollte er auf keinen Fall wie seine Vorgänger Platon, Morus und Rousseau nur seine eigene
Vorstellung vom Idealstaat verkünden, sondern darüber hinaus ein modernes, auf Konsens beruhen-
des Gerechtigkeitsprinzip entwickeln, dem faktisch
alle Bürger zustimmen; andererseits erschien es ihm
völlig unmöglich, eine solche Zustimmung einzuho-
len. Und selbst wenn dies möglich wäre, zweifelte er
daran, dass dies zu einer gerechten Neuordnung der
Gesellschaft führen könnte, da die Bürger nicht objektiv, sondern nur gemäß ihren eigenen Interessen
entscheiden würden.

Genau an diesem Punkt fasste Rawls seinen brillan-
ten Gedanken, der ihn später weltberühmt machen
sollte: den Gedanken vom „Schleier des Nichtwissens". Wie wäre es denn, so fragte er sich, wenn die
Bürger bei der Abstimmung über die künftige Verteilung von Gütern und Lebenschancen gar nicht wüssten, welche soziale Position sie gerade innehaben
oder in der späteren Gesellschaft einnehmen werden
– wenn sie also im Vorfeld ihrer Entscheidung nicht
die geringste Ahnung hätten, ob sie in der neu zu
gründenden Gesellschaft reich oder arm, Mann oder
Frau, Unternehmer oder Arbeiter, Herr oder Sklave,
hochtalentiert oder weniger begabt sind? Würden sie

dann nicht viel fairer entscheiden, wie die künftige Gesellschaft auszusehen hat? Ja, dachte sich Rawls, dies muss logischerweise so sein, denn ein solcher über allen Beteiligten ausgebreiteter

> Schleier des Nichtwissens [...] zwingt jeden im Urzustand, das Wohl der anderen in Betracht zu ziehen. [8]

Die Vorstellung von einer Art Urzustand, in dem die Menschen unter einem Schleier ihre persönlichen und egoistischen Interessen für einige Zeit komplett vergessen und völlig unbelastet nach gerechten Grundsätzen ihrer künftigen Gesellschaft suchen, zieht Rawls so sehr in seinen Bann, dass er sie zum Dreh- und Angelpunkt seiner Theorie der Gerechtigkeit macht. Ihm ist natürlich klar, dass man einen solchen Urzustand unter dem Schleier des Nichtwissens nicht einfach herstellen kann. Denn bei jeder echten Wahl wissen die Menschen sehr wohl, wer sie sind und was sie speziell für sich erreichen wollen. Doch auch wenn der Schleier des Nichtwissens nur eine Hypothese ist, schlägt Rawls vor, uns einfach mal auf dieses Gedankenexperiment einzulassen. Er fordert uns auf, uns in Gedanken eine Gruppe von Menschen in einer solchen Ausgangssituation vorzustellen:

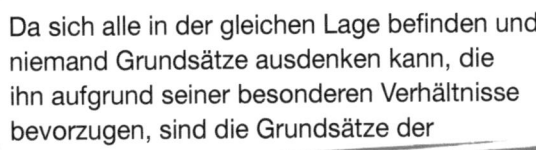

Da sich alle in der gleichen Lage befinden und niemand Grundsätze ausdenken kann, die ihn aufgrund seiner besonderen Verhältnisse bevorzugen, sind die Grundsätze der

Gerechtigkeit das Ergebnis einer fairen Übereinkunft oder Verhandlung. [9]

Und genau das ist der archimedische Punkt seiner Gerechtigkeitstheorie und das logische Fundament seiner gesamten Argumentation. Wären die Menschen von egoistischen und subjektiven Nutzenabwägungen befreit, würden sie absolut objektive und faire Übereinkünfte für eine spätere Gesellschaft treffen. Unter dem Schleier des Nichtwissens, so Rawls, ist nämlich jeder bemüht, die gerechtest mögliche Übereinkunft zu suchen, insbesondere auch im Hinblick auf die weniger Begabten, weniger Ver-

dienenden und weniger Wohlhabenden; denn jeder
müsste ja damit rechnen, später selbst dieser Gruppe
anzugehören.

Wenn beispielsweise im Urzustand darüber abge-
stimmt würde, ob es in der künftigen Gesellschaft
Patrizier mit leibeigenen Sklaven, Feudalherren mit
rechtlich abhängigen, schollengebundenen Bauern,
oder eine Gesellschaft gleichberechtigter und freier
Bürger mit Sozialversicherung geben soll, würde die
große Mehrheit laut Rawls die letzte Option wählen,
um im schlechtest möglichen Fall immer noch ein
akzeptables Leben führen zu können. Die Sorge, sein
Dasein als Sklave fristen zu müssen, würde die mögliche Aussicht auf ein privilegiertes Leben als Patrizier oder Feudalherr übertreffen.

Rawls nennt dieses Entscheidungsverhalten, vom
„Worst Case", also vom schlechtest möglichen Fall,
auszugehen und dasjenige Güterverteilungs-Modell
auszuwählen, in welchem der am wenigsten Begüns-
tigte immer noch den maximalen Gewinn hat, die
„Maximin-Regel". Demnach bevorzugen wir sicher-
heitshalber stets diejenige Option, in der die Mini-
mal-Position am Ende doch noch die vergleichsweise
beste Lebensqualität ermöglicht. Diese Regel sorgt
im Urzustand automatisch dafür, dass bei der Abstimmung über künftige Gerechtigkeitsprinzipien

immer auch auf das Wohlergehen der am wenigsten Begünstigten geachtet wird, so dass auch diese eine Chance auf ein glückliches und erfülltes Leben haben.

Am Ende, so Rawls, werden sich die Menschen daher im verschleierten Urzustand logischerweise für zwei und zwar genau diese zwei Gerechtigkeitsgrundsätze entscheiden: für den Gleichheits- und den Unterschiedsgrundsatz. Rawls sagt:

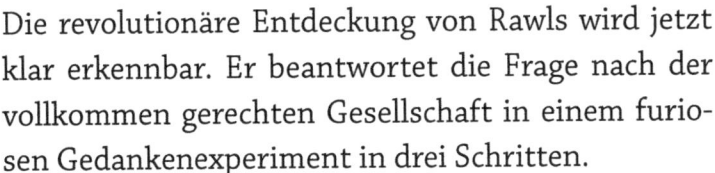

Ich behaupte, daß die Menschen im Urzustand zwei [...] Grundsätze wählen würden: einmal die Gleichheit der Grundrechte und -pflichten; zum anderen den Grundsatz, daß soziale und wirtschaftliche Ungleichheiten, etwa

verschiedener Reichtum und verschiedene Macht, nur dann gerecht sind, wenn sich aus ihnen Vorteile für jedermann ergeben, insbesondere für die schwächsten Mitglieder der Gesellschaft. [10]

Die revolutionäre Entdeckung von Rawls wird jetzt klar erkennbar. Er beantwortet die Frage nach der vollkommen gerechten Gesellschaft in einem furiosen Gedankenexperiment in drei Schritten.

Schritt eins: Er stellt die Frage nach den gerechtesten Grundprinzipien der Gesellschaft und stellt fest, dass kein einzelner Mensch, auch kein Philosoph, diese allein festlegen darf. Sie können nur dann Gültigkeit beanspruchen, wenn sich alle Bürger in freier Entscheidung vertraglich darauf einigen.

Schritt zwei: Dazu müssten sich die Bürger idealerweise in einer Art Urzustand versammeln und unter dem Schleier des Nichtwissens als gleiche, freie und vernunftbegabte Wesen objektiv und fair ihre Entscheidung für die bestmöglichen Prinzipien treffen.

Schritt drei: Herauskommen würden unter diesen Optimal-Bedingungen zwei und zwar genau zwei grundlegende Prinzipien der Gerechtigkeit: Das Gleichheits- und das Unterschiedsprinzip. Diese beiden Prinzipien müssen logischerweise als die bestmöglichen angesehen werden, weil nur sie unter idealen Bedingungen entstanden sind.

Rawls räumt zwar ein, dass die Wahl des Gleichheits- und Unterschiedsprinzips unter dem Schleier des Nichtwissens rein hypothetisch ist und in der Realität noch nie stattgefunden hat, ja sogar niemals stattfinden kann. Dennoch nimmt er für sich in Anspruch, dass das Ergebnis seines Gedankenexperiments viel wertvoller ist, als alle echten Versuche der Menschheit, sich in Wahlen auf irgendwelche Gerechtigkeitsprinzipien zu einigen – gerade deshalb, weil seine Gerechtigkeitsprinzipien unter den theoretisch optimalen Bedingungen der Fairness entstanden sind, welche die Realität niemals zu bieten in der Lage ist:

> Damit ist klar, was ich behaupten möchte: eine Gerechtigkeitsvorstellung ist vernünftiger und eher zu rechtfertigen als eine andere, falls vernünftige Menschen im Urzustand die [...] Grundsätze [...] als gerecht akzeptieren würden. [11]

Hat Rawls recht? Funktioniert sein raffiniertes Gedankenexperiment? Ist das Gleichheits- und Unterschiedsprinzip wirklich allen anderen Konzepten der Gerechtigkeit überlegen? Sind tatsächlich, wie im Unterschiedsprinzip gefordert, höhere Einkommen nur dann zu rechtfertigen, wenn auch die schwächeren Mitglieder der Gesellschaft einen Vorteil davon haben? Ist vor diesem Hintergrund das Auseinanderklaffen der Einkommensschere von Arm und Reich nicht völlig ungerecht? Und: können wir das furiose Gedankenexperiment vom Schleier des Nichtwissens auch auf andere Lebensbereiche übertragen? Wenn wir beispielsweise nicht wüssten, ob wir in einer künftigen Gesellschaft Menschen oder Tiere sind, würden wir uns dann womöglich für eine vegetarische oder vegane Gesellschaft entscheiden?

Ohne Zweifel entzündet Rawls mit seiner Theorie der Gerechtigkeit ein ganzes Feuerwerk von bahnbrechenden Gedanken.

Rawls' Kerngedanke

Warum wir die Frage nach Gerechtigkeit stellen: Die drei Grundtatsachen der Menschheit

Gerechtigkeit beschäftigt die Menschen seit Anbeginn der Zeit. Denn jeder Mensch, so Rawls, hat, ob er will oder nicht, einen intuitiven Gerechtigkeitssinn und empfindet manche Dinge als gerecht, manche als ungerecht. Daraus leitet Rawls drei Grundtatsachen der Menschheit ab. Er macht dies durch ein sogenanntes „argumentum e contrario", also mit Hilfe eines Umkehrschlusses.

Die erste objektiv feststellbare Grundtatsache der Welt ist die Güterknappheit. Diese muss es logischerweise geben. Denn, so sein Umkehrschluss, wenn es alle Güter im Überfluss gäbe, dann, so Rawls, würde sich die Frage nach der gerechten Verteilung von Gütern gar nicht erst stellen. Jeder könnte alles in beliebiger Menge haben. Es herrscht aber auf der

Welt immer und überall ein Zustand der Knappheit. Selbst in den wohlhabendsten Gesellschaften gibt es keinen so großen strukturellen Reichtum, dass jedes Individuum sämtliche Güter in beliebiger Menge und Qualität konsumieren könnte. Das gilt keineswegs nur für von Natur aus knappe Dinge wie Diamanten, Gold oder Kaviar, sondern auch für Güter des alltäglichen Bedarfes. So lassen sich beispielsweise Wohnraum in den Innenstädten, attraktive Ausbildungs- und Arbeitsplätze, sauberes Trinkwasser nicht beliebig vermehren.

Die zweite Grundtatsache ist bei Rawls die anthropologische Beschaffenheit des Menschen als ein Wesen, das weder altruistisch noch egoistisch ist. Auch hier greift wieder sein „argumentum e contrario". Wären die Menschen nämlich allesamt Altruisten, dann müssten sie die Frage nach der gerechten Güterverteilung nicht stellen, da sie ihren Mitmenschen ohnehin viel mehr zukommen lassen würden als vorgeschrieben. Hinfällig wäre die Frage nach der gerechten Aufteilung ebenfalls, wenn die Menschen durch und durch Egoisten wären. Denn sie hätten dann kein Interesse an gerechten Regelungen, da diese ihrem Egoismus im Wege stehen könnten. Die Menschen, so Rawls' Schlussfolgerung, sind zwar eigennützig, haben aber zugleich einen Sinn für Zusammenarbeit und Gerechtigkeit:

> Der Eigennutz zwingt zwar die Menschen, voreinander auf der Hut zu sein, doch ihr gemeinsamer Gerechtigkeitssinn ermöglicht es ihnen, sich in sicherer Form zusammenzutun. [12]

Die dritte und letzte Grundtatsache der Menschheit ist die Unterschiedlichkeit der Lebenspläne. Hätten wirklich alle Menschen die gleichen kollektiven Vorstellungen vom Lebensglück, dann wäre die Frage der gerechten Chancen- und Güterverteilung ebenfalls entschärft. Wenn beispielsweise alle Menschen in Klöstern zurückgezogen, spirituell und asketisch von den Erträgen ihrer Gärten leben wollten, bräuchten sie keinen Staat mit Regeln und einer komplizierten Verteilungsgerechtigkeit, da jeder Einzelne vollstes Verständnis für die Zurückgezogenheit der anderen hätte und diese respektieren würde. In der Realität aber, so Rawls, stehen wir vor der schwierigen Tatsache, dass es viele unterschiedliche Lebenspläne gibt, vielleicht sogar so viele, wie Menschen auf der Welt.

Fazit: Alle drei Urtatsachen der Menschheit muss man berücksichtigen, wenn man die große Frage nach der Gerechtigkeit stellt: Wie sollen die Güter in einer Gesellschaft gerecht verteilt werden, wenn diese erstens knapp sind, zweitens unter Menschen aufgeteilt werden sollen, die weder altruistisch, noch egoistisch, aber interessegeleitet sind und wenn drittens jeder dieser vielen Menschen dann auch noch ganz eigene Lebensziele und Güter anstrebt?

Für uns ist der erste Gegenstand der Gerechtigkeit [...] die Art, wie die [...] gesellschaftlichen Institutionen [...] die Früchte der gesellschaftlichen Zusammenarbeit verteilen. [13]

Bereits an dieser Stelle sieht man, wie schwierig das Vorhaben von Rawls ist. Denn die Frage der Verteilung knapper Güter wie Einkommen, Vermögen und Macht führt bei unterschiedlichen Lebenszielen zwangsläufig zu Interessenskonflikten. Menschen, die nur wenig Talent, Ehrgeiz und Fleiß besitzen und deren Lebensziel ein beschauliches und stressfreies Dasein ist, werden vermutlich ein System der absolu-

ten Gleichverteilung aller Güter befürworten, da sie
dann ohne großen Aufwand maximal am Allgemein-
wohlstand partizipieren. Menschen mit viel Energie,
Talenten und hoher Leistungsbereitschaft befürworten vielleicht eher ein System mit leistungsgerechter
Bezahlung und unterschiedlicher Vermögensverteilung.

Hinzu kommen weltanschauliche und religiöse Ein-
stellungen. Puritaner, die ein Armutsgelübde abge-
legt haben, werden eine entsprechend streng regle-
mentierte religiöse Gesellschaft für gerecht halten.
Polygamisten wiederum ziehen eine libertine Gesellschaft vor. Letztlich, so die Kritiker von Rawls, ist
eben doch alles eine Frage der Perspektive. Mitte des
19. Jahrhunderts kam die Forschung darin überein,
dass Gerechtigkeit kein Gegenstand objektiver wis-
senschaftlicher Betrachtung sein kann. Insbesondere der naturwissenschaftliche und philosophische
Positivismus stellte fest, dass Erkenntnisse, die den
Charakter von Wissen haben sollen, einzig und allein
aus „positiven", d. h. tatsächlichen, sinnlich wahr-
nehmbaren und überprüfbaren Befunden gewonnen
werden können. Dagegen sind Meinungen über Gut
und Böse, über Werte und Gerechtigkeit eben nicht
positiv vorfindlich und somit auch nicht beweisbar.
Der Logiker Wittgenstein bezeichnete in seinem be-

rühmten „Tractatus logico-philosophicus" wissen-
schaftliche Aussagen über Ethik und Gerechtigkeit
sogar als „Unsinn". Ethik sei spekulativ und reine
Privatsache.

Rawls ließ sich davon nicht beirren. Zwar stimmte
er zu, dass Gerechtigkeit insofern Privatsache ist, als
tatsächlich erst einmal jeder Einzelne eine Idee von
ihr hat. Wenn sich aber, so sein einfacher Gedanke,
alle diese Privatpersonen auf eine einzige gemeinsame Idee einigen könnten, dann wäre dieser Relativis-
mus überwunden.

Und eine solche Einigung ist, so Rawls, durchaus
möglich. Man benötigt lediglich ein entsprechendes
Verfahren. Rawls will also zunächst gar keinen Kata-
log von Gesetzen für eine gerechte Gesellschaft auf-
stellen, sondern es geht ihm primär um „Verfahrensgerechtigkeit". Das klingt kompliziert, ist aber etwas
ganz Einfaches, das wir im Alltag des öfteren anwenden. Schon Kinder bedienen sich einer Art Verfahrensgerechtigkeit, wenn sie beispielsweise einen Kuchen gerecht unter sich aufteilen sollen. Nach dem
Motto „der eine teilt, der andere wählt", bekommt
einer das Kuchenmesser und schneidet den Kuchen
in so viele Teile, wie Esser da sind, darf aber selbst
erst als Letzter sein Stück herunternehmen:

Er wird den Kuchen in gleiche Teile teilen, denn so sichert er sich den größtmöglichen Anteil. [14]

Vielleicht hat ein solches Kindheitserlebnis Rawls sogar ein Stück weit inspiriert. Denn auch er schlägt für eine gerechte Güterverteilung in einer künftigen Gesellschaft ein schillerndes Verfahren vor, in dem der Teilende nicht von vornherein weiß, welche Gratifikationen er am Ende bekommen wird.

Der Urzustand – die Stunde Null bei der Auswahl der idealen Gesellschaft

Wie muss eine ideale Entscheidungssituation aussehen, damit die Individuen in der Lage sind, absolut vernünftig und fair ihre künftige Gesellschaftsstruktur auszuwählen? Oder anders formuliert: Unter welchen Bedingungen muss eine solche Wahl stattfinden, damit die Verfahrensgerechtigkeit gewährleistet ist und der Kuchen gerecht aufgeteilt wird?

Rawls nennt im Wesentlichen sechs Bedingungen, die im Urzustand herrschen müssen, damit eine absolut faire Entscheidungssituation für die Auswahl der künftigen Gerechtigkeitsgrundsätze gegeben ist.

1. *Gleichheit:* Alle müssen gleichermaßen mitwirken können:

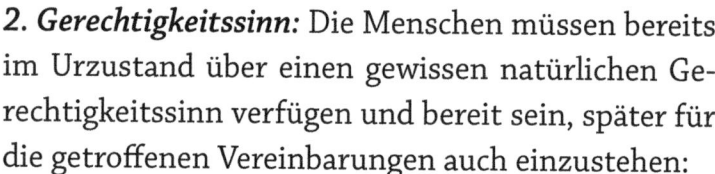

Vernünftig erscheint die Annahme, daß die Menschen im Urzustand gleich seien. Das heißt, sie haben bei der Wahl der Grundsätze alle die gleichen Rechte; jeder kann Vorschläge machen [...]. [15]

2. *Gerechtigkeitssinn:* Die Menschen müssen bereits im Urzustand über einen gewissen natürlichen Gerechtigkeitssinn verfügen und bereit sein, später für die getroffenen Vereinbarungen auch einzustehen:

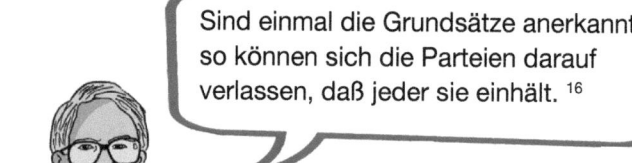

Sind einmal die Grundsätze anerkannt, so können sich die Parteien darauf verlassen, daß jeder sie einhält. [16]

3. *Vernünftigkeit:* Die Menschen im Urzustand müssen bereits in der Lage sein, vernunftgeleitete Entscheidungen zu treffen. Das bedeutet, die Entscheider sind im Urzustand keine völligen Barbaren, sondern bedienen sich rationaler Gründe bei der Auswahl der Gerechtigkeitsgrundsätze für ihren späteren Staat. Dabei können und sollen sie durchaus eigene Interessen vertreten, aber, so Rawls, sie sollten dies vernünftig und mit widerspruchsfreier Logik tun, da nur dies am Ende zu einer Einigung auf gemeinsame Grundsätze führt:

Von einem vernunftgeleiteten Menschen wird [...] angenommen, daß er ein widerspruchsfreies System von Präferenzen [...] hat. Er [...] folgt dem Plan,

der möglichst viele von seinen Wünschen erfüllt und der eine möglichst gute Aussicht auf erfolgreiche Verwirklichung bietet. [17]

4. *Gegenseitiges Desinteresse*: Diese Bedingung klingt zunächst etwas seltsam. Warum sollen die Menschen vor der Abstimmung untereinander teilnahmslos sein? Rawls hält dies für notwendig. Denn unter den Anwesenden darf bei der Entscheidung über die Struktur der künftigen Gesellschaft weder Hass, Neid, Abneigung oder Wut noch Sympathie, Zuneigung oder Liebe herrschen, da dies das Abstimmungsergebnis verzerren könnte. Ein Vater, der beispielsweise fünf Söhne, aber keine Tochter hat und von seiner Frau betrogen und verlassen wurde, könnte dazu neigen, männlichen Gesellschaftsmitgliedern eine Besserstellung bei der Bezahlung und andere Privilegien einzuräumen. Ein Mann, der sich kurz vor der Abstimmung im Urzustand noch in drei Frauen verliebt, könnte die Polygamie fordern etc. Aus Fairnessgründen ist es daher gemäß Rawls am besten, wenn generell die einzelnen Parteien bei der Abstimmung emotional überhaupt nichts miteinander zu tun haben. Solche komplett beziehungsneutrale Wesen erscheinen uns etwas unwirklich, aber so Rawls:

> Zunächst dürfen wir nicht vergessen, daß die Parteien im Urzustand theoretisch definierte Menschen sind. [18]

Und diese theoretisch definierten Menschen sollen, darauf kommt es Rawls an, eben genau so beschaffen sein, dass sie absolut faire Entscheidungen treffen. Denn nur dann kommt am Ende auch die ideale und gerechte Gesellschaft dabei heraus.

5. *Bedürfnis nach Grundgütern:* Die Menschen im Urzustand sind nicht asketisch. Es gibt bei allen ein Bedürfnis nach bestimmten Grundgütern, von denen jeder lieber mehr als weniger hat:

Die wichtigsten Arten der gesellschaftlichen Grundgüter sind Rechte, Freiheiten und Chancen sowie Einkommen und Vermögen. [19]

Diese Grundgüter sind deshalb für alle von erheblicher Bedeutung, da von ihnen die Verwirklichung ihrer Lebenspläne und ihres Glücks abhängt:

Wer mehr davon hat, kann sich allgemein mehr Erfolg bei der Ausführung seiner Absichten versprechen, welcher Art sie auch sein mögen. [20]

Deshalb ist es so wichtig, bei der Abstimmung im Urzustand absolut gerechte Prinzipien zu finden, welche die faire Verteilung dieser Grundgüter durch entsprechende Institutionen sicherstellen. Dies gilt auch für ein weiteres Grundgut, das Rawls in besonderer Weise hervorhebt:

Ein sehr wichtiges Grundgut ist das Selbstwertgefühl; [21]

6. *Der Schleier des Nichtwissens:* Damit niemand die künftigen Gerechtigkeitsprinzipien nur auf seine eigenen Verhältnisse zuschneiden kann, dürfen die Beteiligten im Urzustand diesbezüglich keinerlei Informationen haben:

Vor allem kennt niemand seinen Platz in der Gesellschaft, seine Klasse oder seinen Status; ebensowenig seine natürlichen Gaben, seine

Intelligenz, Körperkraft usw. [...] Die Menschen im Urzustand wissen auch nicht, zu welcher Generation sie gehören. [22]

Unter dem Schleier des Nichtwissens sind die Entscheider also völlig blind hinsichtlich ihrer persönlichen Situation, verfügen aber auf der anderen Seite sehr wohl über Kenntnisse gesamtgesellschaftlicher Zusammenhänge:

Sie verstehen politische Fragen und die Grundzüge der Wirtschaftstheorie, ebenso die Grundfragen der gesellschaftlichen Organisation und die Gesetze der Psychologie des Menschen. [23]

Fazit: Wie ein Ingenieur konstruiert Rawls kunstvoll
und mit spitzem Bleistift seinen Urzustand aus sechs
Bauelementen als logisch perfekten Fairness-Tempel,
der alle und jeden in seinen Bann zieht. Denn in seinem idealen Urzustand treffen sich am Ende gleiche
und vernunftbegabte Menschen, die untereinander
keine Beziehungen haben, die an der Maximierung
ihrer Rechte, Chancen, ihrer Freiheit, ihres Einkommens und ihres Selbstwertgefühls interessiert sind
und die ohne Kenntnis ihrer persönlichen Verhältnisse unter dem Schleier des Nichtwissens sich auf
gemeinsame Prinzipien ihrer künftigen Gesellschaft
einigen wollen.

Der Schleier des Nichtwissens und die Maximin-Regel

Unter allen sechs Bedingungen im Urzustand ragt
der Schleier des Nichtwissens heraus. Er spielt deshalb eine so zentrale Rolle, da es Rawls ja wesentlich
darum geht, eine absolut faire Situation zu schaffen,
so dass die Diskussion und die Wahl der Gerechtigkeitsprinzipien im Urzustand in keiner Weise von
persönlichen Vorurteilen beeinträchtigt wird. Und
genau das leistet der Schleier. So macht er etwa die

Auswahl von Gerechtigkeitsgrundsätzen, die körperliche und rassistische Vorrechte zementieren könnten, von vornherein unmöglich, da keiner weiß, ob er in der späteren Gesellschaft jung oder alt, groß oder klein, weißer oder schwarzer Hautfarbe ist:

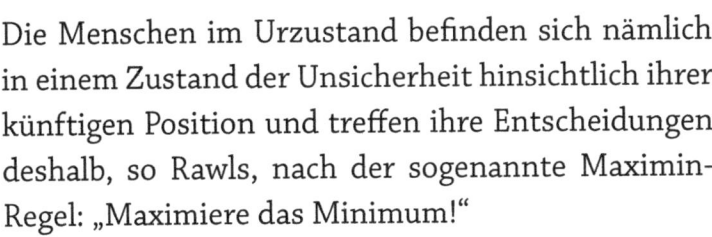

Beispielsweise würde niemand darauf drängen, daß man besondere Vorrechte denen geben soll, die genau 180 cm groß sind [...]. Auch

würde niemand den Grundsatz vorschlagen, die Grundrechte sollten von der Hautfarbe [...] abhängen. Niemand weiß nämlich, ob solche Vorschläge zu seinem Vorteil ausschlagen würden. [24]

Die Menschen im Urzustand befinden sich nämlich in einem Zustand der Unsicherheit hinsichtlich ihrer künftigen Position und treffen ihre Entscheidungen deshalb, so Rawls, nach der sogenannte Maximin-Regel: „Maximiere das Minimum!"

Die Maximin-Regel ist ein Entscheidungsprinzip aus der Spieltheorie, wonach der Spieler strategisch unter verschiedenen Möglichkeiten diejenige Güterverteilung auswählt, bei der für ihn selbst das schlechtest mögliche Ergebnis immer noch besser ist als das schlechteste Ergebnis in allen anderen zur Wahl stehenden Alternativen. Es geht also darum, vom sogenannten „Worst Case" auszugehen, die möglichen Verluste in Grenzen zu halten und das jeweils noch beste Minimum innerhalb der zur Auswahl stehenden Gesellschaftmodelle als maximales Ziel anzusehen. Im Volksmund würde man sagen: „Besser den Spatz in der Hand als die Taube auf dem Dach."

Die Maximin-Regel ordnet die Alternativen nach ihren schlechtesten möglichen Ergebnissen: man soll diejenige wählen, deren schlechtestmögliches Ergebnis besser ist als das jeder anderen. [25]

Die Maximin-Regel, also die Bevorzugung des bestmöglichen Minimums, spiegelt somit eine eher vorsichtige und pessimistische Grundhaltung wider. Das Gegenteil dieser Strategie wäre, spieltheoretisch gedacht, die Maximax-Regel, das heißt, dass der „Spieler" oder Entscheidungsträger stets das maximale Risiko eingeht, um dafür auch die Chance auf maximale Gewinne zu haben, auch wenn er dabei erheblich höhere Risiken in Kauf nehmen muss.

Rawls geht aber davon aus, dass die Menschen, wenn man sie fragt, in welcher Gesellschaft sie künftig leben wollen, in jedem Fall diejenige Gesellschaft aussuchen würden, in welcher sie im „Worst Case", also im schlechtesten möglichen Fall, immer noch ein gutes Leben führen können. Wenn beispielsweise jeder auswählen könnte zwischen einem antiken Gesellschaftsmodell, in dem es den Gutsherren erlaubt ist, ihre Sklaven jederzeit zu züchtigen oder zu töten und einem zweiten Gesellschaftsmodell, in dem es zwar noch abhängige Lohnarbeit gibt, aber kein Arbeitgeber mehr das Recht hat, über Leben und Tod seiner Angestellten zu verfügen, so würde sich jeder gemäß Rawls' Maximin-Prinzip für das zweite Modell entscheiden. Selbst wenn ihm ein mögliches Leben als mächtiger Gutsbesitzer mit vielen Sklavinnen und Sklaven attraktiv erscheint, wird er doch letztlich, so Rawls, das zweite Modell bevorzugen, da dieses seine Existenz sichert:

Es ist ihm nicht der Mühe wert, einen darüber hinausgehenden Vorteil zu suchen, [...] wenn die Gefahr besteht, daß er vieles ihm Wichtige verliert. [26]

Da die Maximin-Regel bei Rawls eine entscheidende Rolle für die spätere Auswahl der Gerechtigkeitsprinzipien spielt, soll ihre spieltheoretische Struktur noch einmal an folgendem Beispiel mathematisch veranschaulicht werden:

Angenommen, die Menschen haben im Urzustand die Wahl zwischen drei Gesellschaftsmodellen der künftigen Verteilung von Gütern und Lebenschancen. Die Zahl 1 steht für eine Goldmünze als symbolisches Startkapital und somit die minimale Zuteilung von Gütern und Chancen, die Zahl 4000 für 4000 Goldmünzen und somit die maximale Zuteilung. Welches der folgenden drei Verteilungsmodelle würde kollektiv gewählt werden?

Im Gesellschaftsmodell eins bekommt ein Teil der Menschen nur 7 Goldmünzen als Startkapital, ein anderer 32 Goldmünzen, wieder ein anderer 47 und der letzte Teil 300. Wenn die Menschen das Modell eins auswählen, wissen sie also, dass sie künftig entweder 7, 32, 47 oder 300 Münzen als Startkapital haben, aber nicht, welche der vier Zuteilungen auf sie entfällt. Analog verhält es sich bei den anderen zur Wahl stehenden Modellen zwei und drei.

Modell eins: 7, 32, 47, 300
Modell zwei: 13, 25, 31, 37
Modell drei: 5, 417, 1205, 4000

Die große Mehrheit, so behauptet Rawls, würde dasjenige Güterverteilungs-Modell wählen, bei dem die kleinste Zahl größer ist als die kleinste Zahl irgendeiner anderen Zuteilungsmenge, also logischerweise das Modell zwei. Denn im Modell zwei ist die 13 die kleinstmögliche Zahl, aber immer noch erheblich besser als die 5 oder 7 in den anderen beiden Modellen. Die 13 verheißt zwar keinen großen Reichtum, wäre aber immerhin die bessere Option, als wenn man in den alternativen Modellen mit etwas Pech die 5 oder 7 erwischt.

Ganz anders sähe dies in der Denktradition des Utilitarismus aus. Das lateinische Wort Utilitas heißt auf Deutsch Nutzen. Und vom bestmöglichen durchschnittlichen Nutzen her gedacht, wäre das Modell drei vorzuziehen, da es rechnerisch im Durchschnitt

aufgrund der in die Tausender gehenden Höchst-
werte insgesamt mit Abstand den größtmöglichen
Wohlstand und die größtmöglichen Chancen für die
Menschen verspricht.

Rawls wurde entsprechend von den Utilitaristen dafür kritisiert, dass er nach dem Maximin-Prinzip theoretisch sogar einer insgesamt ärmeren Gesellschaft
den Vorzug geben würde vor einer im Durchschnitt
wohlhabenderen, wenn nur der Ärmste in der armen
Gesellschaft gerade noch etwas besser gestellt ist als
der Ärmste in der wohlhabenden Gesellschaft.

Doch Rawls wies die Kritik an seiner Maximin-Regel
wegen der Vergeudung des Gesamtnutzens scharf
zurück. Er lehnte die angelsächsische Denktradition
des Utilitarismus mit ihren Urvätern Smith, Ben-
tham und Mill prinzipiell ab, da es zur Bestimmung
der Gerechtigkeitsgrundsätze einer viel größeren
Anstrengung bedarf, als nur mit dem Taschenrech-
ner arithmetisch das „größte Glück der größten
Zahl" zu berechnen. Minderheiten, so Rawls, bleiben
dabei auf der Strecke.

Die Menschen im Urzustand zeichnen sich bei ihm
aber gerade dadurch aus, dass sie im Sinne des kategorischen Imperativs von Kant immer auch daran
denken, dass die künftigen Gerechtigkeitsgrundsät-

ze verallgemeinerungsfähig, also für jeden Einzelnen
gangbar sind.

Auch hielt Rawls seine Annahme, dass die Menschen
im Urzustand unter dem Schleier des Nichtwissens
diejenige Option wählen, die ihnen auf jeden Fall ein
menschenwürdiges Leben ermöglicht, schon rein
psychologisch für unabweisbar.

Die zwei Gerechtigkeitsgrundsätze: Das Gleichheits- und das Unterschiedsprinzip

Im Urzustand entscheiden am Ende alle Beteiligten
als gleiche und vernunftbegabte Menschen, wie sie
die Grundgüter, also Rechte, Chancen, Freiheit, Einkommen, Vermögen und Selbstwertgefühl in ihrer
künftigen Gesellschaft gerecht und fair verteilen und
organisieren wollen. Zur Auswahl stehen, so Rawls,
eine ganze Reihe von Gesellschafts- bzw. Verteilungs-
systemen, aus denen die Beteiligten frei aussuchen
können, welche ihren Interessen am meisten ent-
sprechen. Insgesamt diskutiert Rawls fünf Hauptlö-
sungen mit fünfzehn Wahlmöglichkeiten. Am Ende
jedoch führt die Anwendung der Maximin-Regel

unter dem Schleier des Nichtwissens unweigerlich dazu, dass sich die Menschen im Urzustand auf zwei große Gerechtigkeitsgrundsätze einigen – und zwar genau auf die folgenden zwei:

> *Erster Grundsatz* Jedermann hat gleiches Recht auf das umfangreichste Gesamtsystem gleicher Grundfreiheiten, das für alle möglich ist. [27]

> *Zweiter Grundsatz* Soziale und wirtschaftliche Ungleichheiten müssen folgendermaßen beschaffen sein: (a) Sie müssen unter der Einschränkung des gerechten Spargrundsatzes den am wenigsten

> Begünstigten den größtmöglichen Vorteil bringen, und (b) sie müssen mit Ämtern und Positionen verbunden sein, die allen gemäß fairer Chancengleichheit offenstehen. [28]

Der erste Grundsatz ist der sogenannte „Gleichheitsgrundsatz". Er ist absolut naheliegend und selbsterklärend. Denn aufgrund des Maximin-Prinzips ist es im Interesse aller Beteiligten, sich im Urzustand darauf zu einigen, dass in der künftigen Gesellschaft jeder Bürger genau die gleichen Grundfreiheiten hat, um nicht im Schlechtestfall eine lebenslange Benachteiligung in Kauf nehmen zu müssen.

Solche Grundfreiheiten sind beispielsweise die Achtung der Menschenwürde, der Schutz der Privatsphäre, die Gleichheit vor dem Gesetz etc. Niemand will wie im ständischen Dreiklassen-System des Mittelalters im Streitfall vor Gericht von höheren Ständen, also von adeligen Gutsherren oder vom Klerus, und deren Willkür abhängig sein. Niemand wird sich daher im Urzustand für eine aristokratische Gesellschaft entscheiden, wenn noch andere Möglichkeiten bestehen. Denn unter dem Schleier des Nichtwissens muss ein jeder damit rechnen, nicht als Adeliger, sondern wenn es der Zufall so will, als Bauer oder Leibeigener geboren zu werden:

Aristokratische und Kastengesellschaften sind ungerecht, weil sie aufgrund dieser Zufälligkeiten die Menschen mehr oder weniger abgeschlossenen [...] gesellschaftlichen Klassen zuweisen. [29]

Jeder wünscht sich daher unabhängige Richter, die
das Gesetz in gleicher Weise auf alle Bürger anwenden. Auch will ein jeder, anders als in früheren Zei-
ten, das gleiche Recht auf Entfaltung seiner Persön-
lichkeit genießen, auf den Schutz der Privatsphäre,
auf freie Meinungsäußerung, auf freie Berufswahl,
auf Versammlungsfreiheit, Religionsfreiheit, auf die
Unverletzlichkeit seiner Würde sowie auf freie Wahlen. Daher der erste Grundsatz:

> Jedermann hat gleiches Recht auf
> das umfangreichste Gesamtsystem
> gleicher Grundfreiheiten, das für alle
> möglich ist. [30]

Im Urzustand entscheiden sich die Menschen also
logischerweise für diesen ersten Gerechtigkeitsgrundsatz, wonach jeder Bürger die gleichen unbe-
grenzten Grundfreiheiten genießen darf, solange er
innerhalb dieses Systems nicht die Grundfreiheiten
anderer verletzt. Dieses im Urzustand vereinbarte
Gleichheitsprinzip ist aber, wie wir wissen, nicht nur
ein theoretisches Konstrukt, sondern inzwischen ein
zentraler Bestandteil jedes liberalen Rechtsstaates.

Erheblich spannender ist nun aber der zweite Gerechtigkeitsgrundsatz, der aus dem Urzustand hervorgeht: Das Differenz- oder Unterschiedsprinzip. Dieses ist nämlich noch keineswegs in unserer Demokratie angekommen. Rawls erläutert daher besonders ausführlich den zweiten Grundsatz, den sogenannten „Unterschiedsgrundsatz":

> Der zweite Grundsatz bezieht sich […] auf die Verteilung von Einkommen und Vermögen […]. [31]

Und hier ist das Ergebnis der Vereinbarung im Urzustand – anders als bei den Freiheitsrechten – überraschenderweise nicht mehr die völlige Gleichheit:

> Die Verteilung des Einkommens und Vermögens muß nicht gleichmäßig sein […]. [32]

Rawls glaubt nämlich, dass sich die Menschen im Urzustand letztlich für eine unterschiedliche Verteilung von Einkommen und Vermögen entscheiden würden. Zwar haben sie eine gewisse Tendenz zur Gleichheit, dennoch wäre eine kommunistische, also eigentumslose Gesellschaft, in der die Produktionsmittel und das Volkseinkommen allen zu gleichen Teilen zukommen, nicht die bevorzugte Lösung. Aufgrund des Wissens um die Unterschiedlichkeit der Talente, Charaktere und Fähigkeiten entscheiden sich die Menschen im Urzustand für eine entsprechend gestaffelte Güter- und Vermögensverteilung, um die unterschiedlich talentierten und einsatzbereiten Menschen zu motivieren, zu fördern und ihre Begabungen für alle nutzbar zu machen.

Es ist nämlich unbestreitbar, so Rawls, dass Menschen in der Gesellschaft verschieden großen Einsatz bringen. Manche sind hochmotiviert, fleißig und arbeiten sehr viel, andere ziehen es vor, bescheidener zu leben und sich mehr privaten Dingen zuzuwenden. Rawls sieht es daher in seinem zweiten Gerechtigkeitsgrundsatz durchaus als Gebot der Fairness an, dass es unterschiedlich hohe Einkommen und Vermögen geben darf, aber er macht im gleichen Atemzug eine radikale Einschränkung:

> Soziale und wirtschaftliche Ungleichheiten
> müssen [...] den am wenigsten Begünstigten
> den größtmöglichen Vorteil bringen, und [...]
> mit Ämtern und Positionen verbunden sein,
> die allen [...] offenstehen. [33]

Wie folgenreich diese Einschränkung ist, merkt man erst, wenn man unsere gegenwärtige Situation betrachtet und mit dem Unterschiedsprinzip von Rawls vergleicht. Im Augenblick gibt es nämlich in den westlichen Gesellschaften exponentiell wachsende Ungleichheiten an Einkommen und Vermögen, ohne dass diese, wie Rawls fordert, „den am wenigsten Begünstigten den größtmöglichen Vorteil bringen". Reiche werden jedes Jahr reicher, Arme immer ärmer. Die auseinanderklaffende Schere zwischen Arm und Reich ist nach Rawls' zweitem Grundsatz schlichtweg ungerecht:

> Ungerechtigkeit besteht demnach
> einfach in Ungleichheiten, die nicht
> jedermann Nutzen bringen. [34]

Im Grunde müsste jeder Unternehmer, jeder Manager oder jeder Spitzenverdiener den Nachweis erbringen, dass sein vergleichsweise hohes Gehalt damit gerechtfertigt ist, dass er durch seine Leistung auch die Lebensqualität der am wenigsten Begünstigten mit anhebt. Im Urzustand würden nämlich die Menschen unter dem Schleier des Nichtwissens und aufgrund der Maximin-Regel davon ausgehen, eventuell zu den am schlechtesten Gestellten zu gehören. Daher bevorzugen sie prinzipiell die gleichmäßige Güterverteilung. Eine ungleiche Güterverteilung empfinden sie nur dann als fair und gerecht, wenn eine Besserstellung der Wohlhabenden indirekt auch zur Besserstellung aller anderen führt:

> [...] Ungleichheiten, etwa verschiedener Reichtum oder verschiedene Macht, [sind] nur dann gerecht, wenn sich aus ihnen Vorteile für jedermann ergeben, insbesondere für die schwächsten Mitglieder der Gesellschaft. [35]

Rawls führt hierfür das Beispiel eines Unternehmers an. Ein Unternehmer kann und soll nach dem Unterschiedsprinzip zwar prinzipiell mehr verdienen als sein Arbeiter, aber gerade durch diesen Anreiz des Mehrverdienstes wird er in seinem Leben eine außergewöhnliche Leistung erbringen, die am Ende auch

zum Vorteil der schlechter gestellten […] Person, – hier des ungelernten Arbeiters – ausschlägt. [36]

Rawls bekennt sich also in seinem zweiten Prinzip der Gerechtigkeit, dem Unterschiedsprinzip, durchaus zu abgestuften Vermögen und Einkommen, knüpft diese Unterschiede aber an eine eiserne Bedingung:

Es ist […] nichts Ungerechtes an den größeren Vorteilen weniger, falls es dadurch auch den nicht so Begünstigten besser geht. [37]

Rawls spricht an dieser Stelle auch von einem „Ausgleichsprinzip", das in das Unterschiedsprinzip eingelassen ist. Das heißt, eine gerechte Gesellschaft kann und muss mit Hilfe ihrer Institutionen einen Ausgleich von Reich zu Arm, von Mehr- zu Wenigerbegünstigten vornehmen, um das Grundgut des „Selbstwertgefühls" für alle sicherzustellen. Das bedeutet konkret, dass es ein Existenzminimum geben muss, das bei jedem Wachstum des Volkseinkommens mit angehoben wird.

Aber warum, so könnte man fragen, soll die Mehrleistung der Besserverdienenden, wie im Unterschiedsprinzip formuliert, ausgerechnet den „am wenigsten Begünstigten" zu Gute kommen? Wäre es nicht viel gerechter, wenn der gesteigerte Wohlstand allen Bürgern gleichermaßen zugeführt wird, also auch der Mittelschicht und nicht ausschließlich den am schlechtesten Gestellten? Ist die von Rawls vorgeschlagene Bevorzugung der Schlechtestgestellten vielleicht sogar ungerecht? Auch Rawls selbst stellt sich diese kritische Frage und beantwortet sie mit seiner Theorie der Verkettung:

Nehmen wir an, die Ungleichheiten der Aussichten seien „verkettet": Wenn eine

Bevorzugung zur Verbesserung der Aussichten der niedrigsten Position führt, dann wirkt sie ebenso auf alle Positionen dazwischen. [38]

Wenn ein Unternehmer seinen mindestbegünstigten Mitarbeitern, etwa den ungelernten Hilfskräften, mehr Lohn gibt und auf den Level der Facharbeiter hebt, dann führt dies über kurz oder lang durch die „Verkettung" automatisch auch zu einer entsprechenden Lohnerhöhung der besser Qualifizierten:

Es gibt sozusagen keine frei beweglichen Gelenke, die Aussichten hängen fest zusammen. [39]

Auch ein entsprechender Eingriff durch staatliche Institutionen zu Gunsten der Mindestbegünstigten wirkt sich, so Rawls, immer auch auf alle anderen aus. Wird beispielsweise der vorgeschriebene Mindestlohn per Gesetz erhöht, kommt in einer Kettenreaktion das allgemeine Gehaltsgefüge in Bewegung. Zusätzlich entsteht in der Gruppe der Mindestbegünstigten erheblich größere Kaufkraft, was die Wirtschaft ankurbelt und ebenfalls wieder allen anderen zu Gute kommt.

Fazit: Das Ausgleichsprinzip und die Verkettung sorgen für die Heranführung der Mindestbegünstigten und zugleich für eine höhere Lebensqualität der Gesamtgesellschaft. Die zwei großen Gerechtigkeitsgrundsätze, der Gleichheits- und der Unterschiedsgrundsatz, sind somit die bestmöglichen Prinzipien zur Sicherung der Grundfreiheiten und gerechten Verteilung von Vermögen und Einkommen. Die Menschen im Urzustand würden sich aufgrund ihrer eigenen Interessen und des Maximin-Prinzips exakt auf diese beiden Prinzipien einigen, da sie sich in der künftigen Gesellschaft einerseits gemäß ihrer Begabung und Talente frei entfalten wollen, andererseits könnten sie aber auch im Worst Case, falls sie weniger begabt und talentiert sein sollten, immer noch vom vereinbarten Unterschiedsprinzip profitieren und ein menschenwürdiges Dasein führen. Denn auch als Schlechtestgestellte würden sie durch den sozialen Ausgleich niemals abgehängt werden.

Robinson Crusoe, Freitag, Dagobert Duck und John Rawls stranden auf einer Insel

Das Vertragsmodell von Rawls hört sich komplizierter an, als es ist. Es geht Rawls letztlich um etwas ganz Einfaches. Er entwickelt in seiner Theorie der Gerechtigkeit ein cleveres Verfahrensmodell, mit dessen Hilfe jeder einzelne, aber auch eine Gruppe von Menschen faire Grundsätze für ihr künftiges Zusammenleben vereinbaren können:

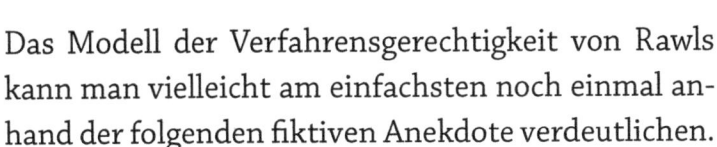

Wir wollen sagen, bestimmte Grundsätze seien gerechtfertigt, weil man sich in einem anfänglichen Zustand der Gleichheit auf sie einigen würde. [40]

Das Modell der Verfahrensgerechtigkeit von Rawls kann man vielleicht am einfachsten noch einmal anhand der folgenden fiktiven Anekdote verdeutlichen.

Dagobert Duck und John Rawls sitzen zusammen im Flugzeug und stürzen ab. Als einzige Überlebende retten sie sich auf eine einsame Insel. Es ist zufällig genau die Insel, auf der schon Robinson Crusoe und sein Diener Freitag leben. Robinson befiehlt dem Diener, sich um die beiden Neuankömmlinge zu kümmern. Kaum hat sich Rawls von den Strapazen erholt, macht er Robinson Vorwürfe wegen der Instrumentalisierung von Freitag als Diener und Robinsons eigenmächtig vorgenommener Definition seiner eigenen Herrenrolle. Rawls schlägt vor, dass sich alle vier erst einmal als Gleiche unter Gleichen gemeinsam und einstimmig auf ein künftiges Gesellschaftsmodell des fairen Zusammenlebens auf der Insel einigen sollen.

Sie stimmen zu. Crusoe will aber seinen Diener unbedingt behalten. Der alte Geizkragen und Milliardär Dagobert Duck wiederum besteht darauf, dass es in der künftigen Inselgesellschaft unbedingt einen Kapitalisten bzw. Besitzer der Insel geben muss sowie einen Manager und einen Arbeiter, die man ausbeuten kann. Sie diskutieren lange. Da sie sich nicht darüber einigen können, wer künftig welche Rolle übernehmen darf oder soll, schlägt Rawls ein Losverfahren vor, teilt den vier Positionen die Buchstaben A, B, C und D zu und fertigt entsprechende Lose an.

A = Inselbesitzer
B = Manager
C = Arbeiter
D = Diener

Robinson zögert, Dagobert ebenfalls, ist aber nach einiger Zeit damit einverstanden. Dagobert Duck fordert lediglich, dass es in der künftigen Gesellschaft Auf- und Abstiegsmöglichkeiten geben muss, damit das Schicksal im schlechtesten Fall der Auslosung nicht unabänderlich festgeschrieben ist. Das leuchtet allen ein und sie vereinbaren für das künftige Zusammenleben soziale Mobilität, auch um einen Anreiz zu schaffen, in den einzelnen Positionen mehr zu leisten:

Ungleichheiten müssen [...] mit Ämtern und Positionen verbunden sein, die allen gemäß fairer Chancengleichheit offenstehen. [41]

Robinson will vor der Abstimmung aber noch wissen, wie viel der Arbeiter und der Diener jeweils verdienen und was sie alles dafür tun müssen. Der Ausbeuter Dagobert will dem Diener und dem Arbeiter am liebsten überhaupt nichts geben: „Die sollen schuften und die Klappe halten!" „Ja, aber was machst du", fragt Robinson, „wenn du das Los des Arbeiters oder Dieners ziehst?" „Kein Problem – in kürzester Zeit arbeite ich mich wieder hoch. Ich bin Dagobert Duck, ich habe mehr Geiz, Geschäftssinn und Skrupellosigkeit im Blut als jeder andere auf dieser Insel." Robinson und Freitag gefällt das nicht: „Das ist unfair, da könnten wir Dich ja gleich als Inselkapitalisten einsetzen."

Sie streiten, was wiederum Rawls auf den Plan ruft. Er gibt zu bedenken, dass es vielleicht fairer und gerechter wäre, wenn weder Dagobert noch die anderen überhaupt wüssten, welche Talente sie jetzt oder in der künftigen Gesellschaft zur Verfügung haben, ob sie also ehrgeizig, intelligent, skrupellos oder eher gutmütig, bequem und ausgelassen sind und sein werden. Er sei in der Lage, mit Hilfe eines Zaubertrankes eine solche Situation herzustellen:

Zu den wesentlichen Eigenschaften dieser Situation gehört, daß niemand seine Stellung in der Gesellschaft kennt, seine Klasse oder seinen Status, ebensowenig sein Los bei der Verteilung natürlicher Gaben wie Intelligenz oder Körperkraft. [42]

Sie stimmen zu. Rawls braut den Zaubertrank, der die Beteiligten ihre Gaben, Talente und Charaktere vergessen lässt. Sie trinken davon und rasch stellt sich die beabsichtigte Wirkung ein. Die vier diskutieren objektiv und vernünftig, welches Minimalgehalt Diener und Arbeiter bei welcher Leistung unbedingt bekommen sollen, damit auch diese beiden ein gutes und selbstbestimmtes Leben führen können. Da jeder damit rechnet, per Los Diener oder Arbeiter zu sein und keiner weiß, ob er über Aufstiegstalente verfügen wird, einigen sie sich auf eine angemessene und faire Entlohnung und darauf, dass jeder Mehrverdienst des Inselkapitalisten und Managers immer auch dem Diener und Arbeiter zu Gute kommen muss. Der Schleier des Nichtwissens macht am Ende die einstimmige Wahl einer bestimmten Konzeption von Gerechtigkeit möglich:

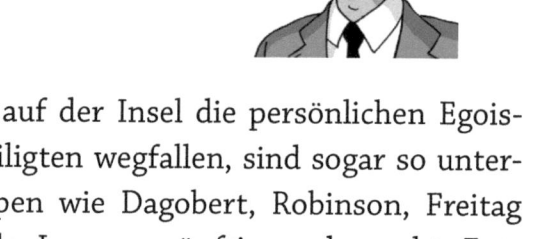

Es sind diejenigen Grundsätze, die freie und vernünftige Menschen in ihrem eigenen Interesse [...] annehmen würden. [43]

Fazit: Sobald auf der Insel die persönlichen Egoismen der Beteiligten wegfallen, sind sogar so unterschiedlich Typen wie Dagobert, Robinson, Freitag und Rawls in der Lage, vernünftige und gerechte Entscheidungen für die gemeinsame Zukunft zu treffen.

Der schillernde Gegensatz zwischen subjektivem Eigeninteresse und objektiver Vernunft ist bereits dem bayerischen Mundartphilosophen Karl Valentin aufgefallen, wenn er sagt: „Der Mensch ist gut, nur die Leute sind schlecht." Valentin bringt hier auf seine hintersinnige Art in einem einzigen Satz all das auf den Punkt, was Rawls in seiner 600 Seiten starken Theorie der Gerechtigkeit immer wieder umkreist und mit seiner „Verfahrensgerechtigkeit" zu beseitigen versucht. Die „Leute" mit ihren jeweiligen Eigenheiten, Perspektiven und Lebensumständen entscheiden nämlich in konkreten Situationen oft sehr selbstbezogen und nehmen dabei gerne auch mal Nachteile anderer in Kauf. Der „Mensch" an sich aber, rein abstrakt betrachtet, hat sehr wohl das Verstandesvermögen und die intellektuelle Redlichkeit, objektive und gerechte Entscheidungen zu treffen.

Und darauf kommt es Rawls an. Er will die empirisch konkreten und bisweilen „schlechten Leute" durch den Schleier des Nichtwissens im Urzustand von ihren Eitelkeiten befreien und, wie Valentin sagt, in den an sich „guten Menschen" zurückverwandeln. Unter dem Schleier diskutieren sie die Gerechtigkeitsfragen nämlich nicht mehr aus der Perspektive empirischer Subjekte, sondern aus der Perspektive des Menschen an sich und somit aus der Perspektive aller Menschen. Und das genau ist der Kerngedanke und die große Entdeckung von Rawls:

Diese Betrachtungsweise [...] nenne ich Theorie der Gerechtigkeit als Fairneß. [44]

Philosophiegeschichtlich hat Rawls damit das große Kunststück vollbracht, zwei an sich völlig unvereinbare Denktraditionen zusammenzubringen, zum einen den empirisch utilitaristischen Ansatz der Interessens- und Nutzenabwägung, zum anderen die transzendentalphilosophische Ethik von Kant.

Im Rawlsschen Modell der Verfahrensgerechtigkeit entscheiden sich die Individuen im Urzustand nämlich einerseits mit Hilfe der Maximin-Regel durchaus interessensgeleitet utilitaristisch, insofern sie den zu erwartenden Nutzen mit dem möglichen Schaden abwägen und aus Eigennutz den Schaden so gering wie möglich halten wollen, andererseits realisieren sie genau damit, ohne dies direkt zu beabsichtigen, den bei Kant transzendentalphilosophisch begründeten Kategorischen Imperativ, wonach jeder so handeln soll, dass das eigene Handeln auch für alle anderen gut ist und sogar zur allgemeinen Handlungsgrundlage erhoben werden kann. Rawls ist das natürlich bewusst:

> Die Vorstellung vom Schleier des Nichtwissens ist nach meiner Auffassung indirekt in Kants Ethik enthalten. [45]

Deshalb gesteht er für seine Theorie der Gerechtigkeit ein:

Die Theorie trägt stark Kantische Züge, und ich kann für meine Auffassungen keinerlei Originalität beanspruchen; [46]

Es ist ehrenhaft, dass Rawls einräumt, seine Theorie der Gerechtigkeit sei bereits in der Ethik von Kant enthalten und er selbst dürfe daher „keinerlei Originalität beanspruchen". Allerdings ist er hier zweifellos zu bescheiden. Zwar hat er den Kategorischen Imperativ nicht neu erfunden, aber es ist ihm gelungen, der transzendentalphilosophisch hergeleiteten Vernunftregel von Kant durch die verschleierte Abstimmung und Hinzuziehung der Maximin-Regel aus der Spieltheorie eine psychologisch nachvollziehbare Plausibilität zu geben. Damit hat er dem abstrakten Kategorischen Imperativ ganz neues Leben eingehaucht. Rawls ist letztlich das gedankliche Kunststück gelungen, das große Paradoxon zwischen Egoismus und der Pflicht, uneigennützig für das Wohl aller zu handeln, aufzulösen. Er empfiehlt uns, ausgehend von den Bedingungen des Urzustandes, die Pflichtethik von Kant zu akzeptieren – und zwar aus Eigeninteresse.

Was nutzt uns Rawls' Entdeckung heute?

Die am wenigsten Begünstigten heranführen – Rawls' Kritik am Kapitalismus

Was nutzt uns Rawls' Theorie der Gerechtigkeit? Können wir mit ihr unsere gegenwärtigen Gesellschaften beurteilen, kritisieren und verbessern? Sein Kerngedanke ist klar:

Alle sozialen Werte – Freiheit, Chancen, Einkommen, Vermögen und die sozialen Grundlagen der Selbstachtung – sind gleichmäßig zu verteilen, soweit nicht eine ungleiche Verteilung jedermann zum Vorteil gereicht. [47]

Genau das aber passiert heute in fast keiner modernen Gesellschaft. Entgegen dem Unterschieds- und Ausgleichsprinzip von Rawls wird immer noch mit dem sogenannten „Leistungsprinzip" argumentiert. In der kapitalistischen Leistungsgesellschaft gilt der Verteilungsgrundsatz: „Jeder nach seinen Fähigkeiten, jedem nach seiner Leistung". Das heißt im Klartext, dass große Einkommens- und Vermögensunterschiede allein damit gerechtfertigt werden, dass sie auf unterschiedlichen Leistungen und Fähigkeiten beruhen. Ein Ausgleich, wie von Rawls gefordert, ist dabei nicht vorgesehen. Rawls lässt genau das nicht gelten. Gerade wenn ein Mensch herausragende Fähigkeiten besitzt, muss er diese in den Dienst der Gemeinschaft stellen. Denn niemand, so Rawls, kann etwas dafür, dass er talentierter, kräftiger oder begabter geboren wurde als andere, ebenso wie es keine persönliche Schuld ist, wenn man von Natur aus weniger begünstigt ist:

Da nun Ungleichheiten der Geburt und der natürlichen Gaben unverdient sind, müssen sie irgendwie ausgeglichen werden. [48]

Es ist reiner Zufall, oder man könnte auch sagen, reine Willkür der Natur, dass die einen mehr, die anderen weniger Möglichkeiten haben. Und das bezieht sich nicht nur auf angeborene Talente, sondern auch auf die Zugehörigkeit zu der sozialen Klasse, in die man zufällig hineingeboren wird:

Nun hat jemand, der [...] als Mitglied der Unternehmerklasse anfängt, bessere Aussichten als jemand, der als ungelernter Arbeiter anfängt. [49]

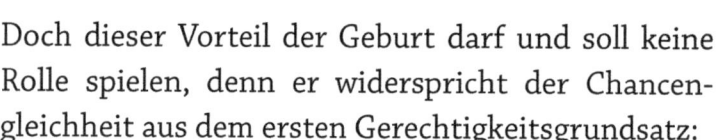

Doch dieser Vorteil der Geburt darf und soll keine Rolle spielen, denn er widerspricht der Chancengleichheit aus dem ersten Gerechtigkeitsgrundsatz:

Niemand hat seine besseren natürlichen Fähigkeiten oder einen besseren Startplatz in der Gesellschaft verdient. [50]

Der Mensch muss daher mit Hilfe der Vernunft korrigieren, was die Natur falsch gemacht hat:

Der Gedanke ist der, die zufälligen Unterschiede möglichst auszugleichen. [51]

Da die Zuteilung unterschiedlicher Talente und sozialer Positionen am Tag der Geburt einer Lotterie gleicht, hat der Mensch die Pflicht, die damit verbundenen Ungerechtigkeiten abzumildern. Größere Talente oder auch die Zugehörigkeit zu einer finanziell privilegierten Familie mit der damit verbundenen besseren Ausbildungsmöglichkeit sind keine persönliche Angelegenheit, sondern gehören der Gemeinschaft und müssen, so Rawls, sozialisiert werden:

Das Unterschiedsprinzip bedeutet faktisch, daß man die Verteilung der natürlichen Gaben [...] als Gemeinschaftssache betrachtet [...]. [52]

Da unterschiedliche Talente, Ausbildungen und Fähigkeiten Gemeinschaftseigentum sind, müssen ihre Früchte auf alle verteilt werden:

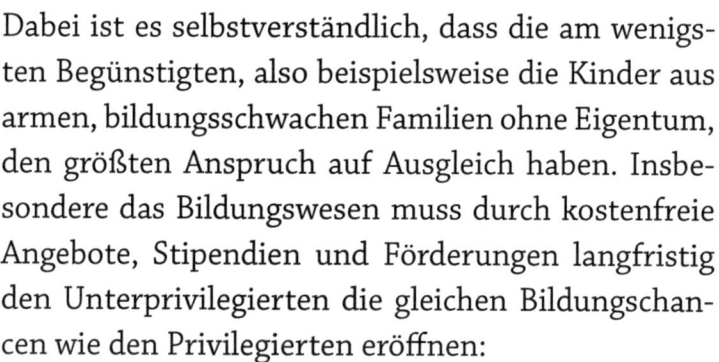

[…] die Ausgleichsforderungen sind zu berücksichtigen. Sie gelten als ein Grundzug unserer Gerechtigkeitsvorstellung. [53]

Dabei ist es selbstverständlich, dass die am wenigsten Begünstigten, also beispielsweise die Kinder aus armen, bildungsschwachen Familien ohne Eigentum, den größten Anspruch auf Ausgleich haben. Insbesondere das Bildungswesen muss durch kostenfreie Angebote, Stipendien und Förderungen langfristig den Unterprivilegierten die gleichen Bildungschancen wie den Privilegierten eröffnen:

[…] das Unterschiedsprinzip würde etwa im Bildungswesen die Anstrengungen auf die Verbesserung der langfristigen Aussichten der am wenigsten Bevorzugten legen. [54]

Rawls spricht in diesem Zusammenhang auch von „Brüderlichkeit":

> Ein weiterer Vorzug des Unterschiedsprinzips ist der, daß es den Grundsatz der Brüderlichkeit konkretisiert. [55]

Seit der Französischen Revolution lauten die drei berühmten Forderungen einer gerechten Gesellschaft: „Freiheit, Gleichheit, Brüderlichkeit!". Das Unterschieds- und Ausgleichsprinzip zwischen Arm und Reich entspreche, so Rawls, der „Brüderlichkeit". Denn unter Brüdern und Schwestern, wie überhaupt innerhalb einer Familie, ist es durchaus üblich, dass Verdienste, Talente und Mehreinkommen dem gerade bedürftigsten Mitglied oder allen andern zugewendet werden:

> Familienmitglieder suchen gewöhnlich keine Vorteile, die nicht auch den Interessen der anderen dienen. [56]

Auch im größeren gesellschaftlichen Rahmen sei es daher vernünftig, die Form des brüderlichen Ausgleichs zu suchen. Seine beiden Gerechtigkeitsgrundsätze konkretisieren, laut Rawls, letztlich sogar alle drei Forderungen der Französischen Revolution:

> [...] der Freiheit entspricht der erste Grundsatz, der Gleichheit entspricht die Gleichheit im ersten Grundsatz zusammen mit der fairen Chancengleichheit, und der Brüderlichkeit entspricht das Unterschiedsprinzip. [57]

Um die Rechtsgleichheit unantastbar zu machen, bringt Rawls seine zwei Gerechtigkeitsprinzipien in eine, wie er sagt, „lexikalische Ordnung":

> Diese Grundsätze sollen in lexikalischer Ordnung stehen, derart, daß der erste dem zweiten vorausgeht. [58]

Das bedeutet, dass das erste Prinzip der „Gleichheit" Vorrang vor dem „Unterschiedsprinzip" hat und von letzterem auch nicht angetastet werden darf. Selbst wenn durch Sonderrechte für einige Wenige der materielle Wohlstand aller massiv angehoben werden könnte, darf die prinzipielle Gleichheit vor dem Gesetz deshalb nicht fallengelassen werden.

Fazit: Die rechtliche Gleichheit ist in der fairen Gesellschaft unantastbar. Unterschiede darf es nur bei der Einkommens- und Vermögensverteilung geben. Aber auch hier gilt das Ausgleichsprinzip. Zwar gibt es de facto natürliche und soziale Ungleichheit, die sich in der Güterverteilung niederschlägt, doch müssen wir stets daran arbeiten, diese zu verringern.

Mit seinem Unterschieds- und Ausgleichsprinzip hat Rawls im Grunde die gesamte westliche Welt und ihre Produktionsweise kritisiert. Denn es ist eine Tatsache, dass die Einkommens- und Vermögensverteilung in allen marktwirtschaftlich organisierten Demokratien auseinanderdriftet. Auch häufen sich gravierende Beispiele von ungleichen Einkommensentwicklungen, die nach Rawls nicht mehr zu rechtfertigen sind. So bekamen beispielsweise die Vorstände der 30 führenden DAX-Unternehmen zur Zeit der deutschen Wiedervereinigung das Vierzehnfache des durchschnittlichen Gehalts ihrer Mitarbeiter. Nach einer Studie [59] der Hans-Böckler-Stiftung ist es inzwischen bereits das Sechzig- bis Hundertfache:

> Ungerechtigkeit liegt vor,
> wenn die besseren Aussichten
> unangemessen sind [...]. [60]

So hatte Martin Winterkorn als VW-Vorstand am Ende einen Jahresverdienst von 17 Millionen Euro, also 1,4 Millionen im Monat. Der Vorstandsvorsitzende der Deutschen Post Appel steigerte sein Salär durch eine Reihe von Bezugserhöhungen sogar auf das 223-fache des Durchschnittsgehalts seiner Mitarbeiter.

Gemäß dem Ausgleichsprinzip von Rawls wäre eine solch rasante Zunahme der Ungleichheit nur dann zu rechtfertigen, wenn der Nachweis erbracht werden könnte, dass Herr Winterkorn oder Herr Appel nicht nur mehr als das Hundertfache ihrer Angestellten leisten, sondern auch die mindestbegünstigten Mitarbeiter ihrer Konzerne durch ihre Mehrleistung massiv gefördert und herangeführt hätten. In allen anderen Fällen handelt es sich gemäß Rawls schlichtweg um „Ungerechtigkeit":

> Ungerechtigkeit besteht demnach einfach in Ungleichheiten, die nicht jedermann Nutzen bringen. [61]

Ungerecht wären somit auch die drastischen Mieterhöhungen in vielen Metropolen, die der überhitzte Markt aufgrund der Knappheit an Wohnraum möglich macht. Denn diese führen bei den Immobilienbesitzern zu Rekordeinnahmen, ohne dass die Mieter davon einen Vorteil haben oder in irgendeiner Weise teilhaben. Um dem Unterschiedsprinzip gerecht zu werden, müssten die Immobilienmagnaten nachweislich ihren Gewinn in die Modernisierung und den Neubau von tausenden Wohnungen investieren, so dass am Ende mehr und qualitativ besserer Wohnraum für die am wenigsten Begünstigten entsteht. Dies ist aber oft nicht der Fall und selbst dort, wo es behauptet wird, äußerst schwer nachprüfbar. Trotz der schwierigen Überprüfbarkeit bleibt Rawls dabei, dass seine Theorie der Gerechtigkeit sehr wohl einen objektiven Maßstab enthält:

Das Unterschiedsprinzip versucht, objektive Grundlagen für interpersonelle Nutzenvergleiche zu liefern [...]. [62]

Doch wo genau ist die objektive Grenze? Ab wann sind ungleiche Einkommen und Vermögen ungerecht? Und ab wann gehört ein Bürger konkret zu den Minderbegünstigten, denen geholfen werden muss? Gibt es einen praktikablen Maßstab für eine faire Güterverteilung durch unsere Institutionen oder bleibt die Verteilungsgerechtigkeit von Rawls reine Theorie?

Die faire Güterverteilung: Praktisch umsetzbar oder reine Theorie?

Um dem Vorwurf der „reinen Theorie" zu entkräften, hat Rawls als konkreten Maßstab den „halben Median" vorgeschlagen. Das bedeutet: Wer weniger als die Hälfte des Durchschnittseinkommens verdient, gehört zu der Gruppe der weniger Begünstigten und hat ein Anrecht auf Zuwendungen, sobald die Gruppe der Besserverdienenden ihr Einkommen steigern kann:

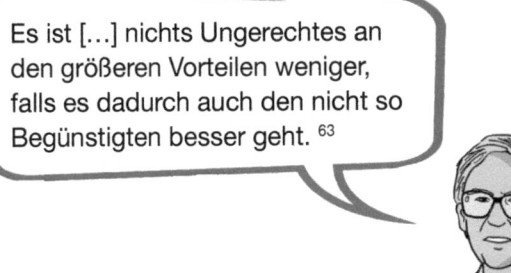

Es ist […] nichts Ungerechtes an den größeren Vorteilen weniger, falls es dadurch auch den nicht so Begünstigten besser geht. [63]

Aber es bleiben Fragen offen. Wie viel mehr dürfen einige Wenige verdienen? Wie soll man erkennen, ob beispielsweise die Investition eines Unternehmers in eine neue Technologie allen zu Gute kommt oder nicht? Ist das Millionengehalt eines Fußballspielers dann gerechtfertigt, wenn er dafür den Minderbegünstigten durch sein brillantes Spiel große Freude bereitet oder muss auch hier ein realer Transfer von Vermögen an die Armen erfolgen?

Die konkrete Anwendung des Ausgleichsprinzips ist zweifellos schwierig. Es bleibt aber festzustellen, dass Rawls als einer von ganz wenigen Wissenschaftlern der rein ökonomischen Rechtfertigung des Einkommens durch das freie Spiel von Angebot und Nachfrage ein alternatives Modell entgegengestellt hat. Haben sich vor Rawls alle Besser- und Spitzenverdiener einfach darauf berufen, dass ihr exorbitantes Einkommen marktgerecht oder marktüblich sei, hat Rawls den Markt generell als moralische Instanz in Frage gestellt. Es ist nämlich durchaus möglich, Spitzengehälter jenseits jeder Marktlage institutionell zu begrenzen oder beispielsweise durch Steuern eine Umverteilung von Reichen zu Armen vorzunehmen:

> Freiheiten und Chancen werden durch die Regeln der wichtigeren Institutionen festgelegt, ebenso die Einkommens- und Vermögensverteilung. [64]

Rawls setzt letztlich seine „Verfahrensgerechtigkeit" an die Stelle der „Marktgerechtigkeit" und hat damit ein Tabu des Wirtschaftsliberalismus gebrochen. Er hat es gewagt, die Heiligkeit des Marktes und seiner Selbstregulierung anzuzweifeln und stattdessen ein gerechtes Verfahren vorgeschlagen und begründet. Wohl auch deshalb wurde *Eine Theorie der Gerechtigkeit* in zwei Dutzend Sprachen übersetzt und innerhalb weniger Jahre auf der ganzen Welt bekannt. [65]

Allerdings gibt es, wie bei jeder großen Theorie, auch viele Kritiker. Unter anderem wirft man ihm vor, dass seine hypothetische Abstimmung im Urzustand letztlich gar nicht geeignet ist, seine beiden Gerechtigkeitsprinzipien demokratisch zu begründen. Denn in seinem Urzustand ginge es, wenn man genauer hinsieht, doch sehr undemokratisch zu. In pluralistischen Demokratien, so seine Kritiker, diskutieren verschiedene Individuen und Parteien mit unterschiedlichen Meinungen und Interessen. Sie suchen nach Kompromissen für gerechte Lösungen. Im Urzustand von Rawls hingegen bleiben solche Diskussionen zwangsläufig aus. Schuld daran sei der Schleier der Unwissenheit. Rawls habe diesen viel zu dicht gestrickt. In seinem übertriebenen Bemühen, absolut unparteiische, objektive und faire Individuen und Gruppen für die Urabstimmung zu konstruieren, habe er jede Individualität und jedes Gruppeninteresse abgetötet. Übrig geblieben seien sterile, beziehungs- und gefühllose Klone, die nicht einmal mehr wissen, wer sie selbst sind und künftig sein werden. Wie sollen diese sich dann noch aus „eigenem Interesse" für Gerechtigkeitsprinzipien entscheiden? Rawls spreche zwar von einer fairen Übereinkunft aller Menschen im Urzustand, in Wirklichkeit aber entscheiden bei ihm keine Menschen mehr, sondern entindividualisierte, abstrakte Vernunft-Klone, oder man könnte auch sagen, ein einziges künstliches „Makrosubjekt". [66]

Andere Kritiker weisen darauf hin, dass die Teilnehmer der Urabstimmung gemäß Rawls über fundierte allgemeine Kenntnisse von Politik, Ökonomie und Psychologie verfügen sollen, um eine gute Entscheidung zu treffen. Diese Kenntnisse seien aber nach dessen eigener Theorie gar nicht möglich, da den Teilnehmern unter dem Schleier des Nichtwissens jede konkrete persönliche Erfahrung mit ökonomischer Bevorzugung oder Benachteiligung fehle, aus der sich erst ein solch fundiertes Wissen ergeben könnte.

Kritisiert wird auch die Maximin-Regel. Die Menschen, so die Kritiker, seien keineswegs so risikoscheu, wie Rawls annimmt. Bei Aussicht auf große

Vorzüge, würden sie unter Umständen die möglichen negativen Auswirkungen ihrer Entscheidung vernachlässigen. Rawls hätte im Urzustand anstelle seiner pessimistischen Worst-Case-Betrachtung eine durchschnittliche Risikobereitschaft zugrunde legen müssen. [67]

Die Kritik an der theoretischen Schlüssigkeit des Urzustandes mag in Teilen berechtigt sein. Es verwundert allerdings sehr, warum die Kritiker gerade den Urzustand und den Schleier des Nichtwissens so akribisch unter die Lupe genommen und abgelehnt haben. Denn eines steht fest: Rawls hat mit seiner Konstruktion des Urzustandes letztlich nur ein uraltes archetypisches Bild aufgegriffen, das wir alle kennen und das untrennbar zu unserer Vorstellung von Gerechtigkeit gehört – das Bild der „Justitia" mit der Waage, dem Schwert und den verbundenen Augen.

Seit jeher wird die Göttin der Gerechtigkeit symbolisch mit drei wesentlichen Eigenschaften dargestellt: Die Waage steht für das Gesetz, mit dem sie Recht und Unrecht sorgfältig gegeneinander abwägt, das Schwert für die Strafe, mit der sie die Vergehen ahndet, die verbundenen Augen für ihre Unparteilichkeit zwischen den Streitenden. Denn ganz ohne Ansehen der Person fällt sie ihr Urteil je nach Sachlage jenseits von persönlichem Wohlgefallen oder

Missfallen. Weder sympathisiert sie mit dem Kläger noch dem Beklagten. Ihr Blick richtet sich ungetrübt nach innen auf die reine Idee der Gerechtigkeit. Und nichts anderes bezweckt Rawls mit seinem Urzustand: die vollendete Unparteilichkeit.

Der Schleier des Nichtwissens – ein übertragbares Entscheidungsprinzip?

Rawls hat sein furioses Gedankenexperiment vom Schleier des Nichtwissens einige Jahre nach der Veröffentlichung des Hauptwerkes auch auf das Völkerrecht übertragen. Wieder geht er von einer fiktiven Ursituation aus und stellt die Frage, welcher Vertrag wohl herauskommen würde, wenn die verschiedenen Völker ihn unter den bestmöglichen Bedingungen vereinbaren würden.

Nehmen wir einmal an, die Repräsentanten der Völker würden sich treffen und unter dem Schleier des Nichtwissens über eine Völkerrechtsordnung beraten. Dabei kennen sie weder die Größe ihrer Nationen noch die militärische Stärke.

Darüber hinaus setze ich noch voraus, daß die Parteien die besonderen Verhältnisse in ihrer eigenen Gesellschaft nicht kennen, d. h. ihre wirtschaftliche und politische Lage, den Entwicklungsstand ihrer Zivilisation und Kultur. [68]

Die Völker wissen also nicht, ob sie ein armes Entwicklungsland oder eine führende Industrienation vertreten. Welche künftige Ordnung würden sie unter dem Schleier des Nichtwissens wählen? Rawls geht davon aus, dass am Ende eine Weltordnung herauskäme, in der sich alle Staaten unabhängig von ihrer Größe als freie und gleiche Partner respektieren. Im Detail würden sie sich, so Rawls, für die folgenden Grundprinzipien entscheiden, die nebenbei bemerkt, erstaunlich nahe an die heutigen Grundsätze des Völkerrechts heranreichen:

> Völker sind frei und unabhängig [...] müssen Verträge und eingegangene Verpflichtungen erfüllen [...] sind gleich und

> müssen an Übereinkünften, die sie binden sollen, beteiligt sein. [...] Völkern obliegt eine Pflicht der Nichteinmischung [...] das Recht auf Selbstverteidigung. Völker müssen die Menschenrechte achten. [69]

Und, worauf Rawls wieder sehr großen Wert legt:

> Völker sind verpflichtet, anderen Völkern zu helfen, wenn diese unter ungünstigen Bedingungen leben [...]. Es werden auch

> gewisse Vorkehrungen zur gegenseitigen Unterstützung zwischen Völkern in Hungerzeiten [...] getroffen [...]. [70]

Das Ergebnis seines Buches *Das Recht der Völker* entspricht somit seiner Theorie der Gerechtigkeit, mit dem einzigen Unterschied, dass die Gerechtigkeitsprinzipien nicht mehr für das Zusammenleben von Individuen in einer Gesellschaft, sondern das Zusammenleben aller Völker auf dem Planeten gelten sollen. In beiden Fällen wird aber unter dem Schleier des Nichtwissens ein zukünftig fairer und gleichberechtigter Umgang der Vertragspartner vereinbart sowie die Pflicht zur Hilfeleistung für die am wenigsten Begünstigten. Rawls betont, dass sein Gedankenexperiment nicht nur auf das Völkerrecht, sondern auch auf andere Bereiche übertragen werden kann:

Auf jeden Fall muß man den Urzustand so auffassen, daß man sich jederzeit seinen Blickwinkel zu eigen machen kann. [71]

Der Urzustand unter dem Schleier des Nichtwissens ist letztlich, wie er selbst sagt, kein übermenschliches Ideal. Im Gegenteil – jeder von uns kann im Alltag in den Urzustand eintreten und den Schleier als praktisches Verfahren anwenden. Dazu muss man sich den Schleier nur einen Augenblick lang vorstellen:

Man kann gewissermaßen jederzeit einfach dadurch in den Urzustand eintreten, daß man ein bestimmtes Verfahren anwendet, also für Gerechtigkeitsgrundsätze im Rahmen dieser Einschränkungen argumentiert. [72]

Wenn beispielsweise über die Einführung eines Mindestlohnes für Friseure diskutiert und argumentiert wird, sind viele Menschen erst einmal dagegen, weil sie zu Recht befürchten, dass der Friseurbesuch dadurch erheblich teurer wird. Wenn wir uns aber, wie Rawls empfiehlt, gedanklich für einen Moment unter den Schleier begeben und uns vorstellen, dass wir nicht wissen, ob wir künftig Friseure oder Kunden sind, versetzen wir uns aufgrund dieser Einschränkung automatisch viel intensiver in die Situation der zu gering bezahlten Friseure. Am Ende entscheiden wir so erheblich gerechter. Und genau das ist der Effekt des Rawlsschen Gedankenexperimentes:

Man schließt die Kenntnis solcher Umstände aus, die [...] Menschen [...] ihren Vorurteilen ausliefern. [73]

Noch deutlicher formuliert dies Rawls, wenn er sagt, sein Gedankenexperiment vom Schleier des Nichtwissens

[...] zwingt jeden, [...] das Wohl der anderen in Betracht zu ziehen. [74]

Eine weitere Anwendung des Rawlsschen Gedankenexperimentes findet man im politischen Veganismus hinsichtlich der Begründung des Tierrechtsgedankens. Auch hier wird von einem hypothetischen Urzustand ausgegangen. Man stelle sich vor, alle betroffenen Lebewesen müssten sich unter dem Schleier des Nichtwissens, also unter der Unsicherheit, ob sie künftig als Tier oder Mensch an der Gesellschaft teilnehmen, auf Grundsätze der Gerechtigkeit einigen. Dazu hätten sie vier Möglichkeiten zur Auswahl:

Erstens eine „kannibalische Gesellschaft", in der es allen freigestellt ist, andere Menschen und Tiere zu töten und zu essen.

Zweitens eine „carnivorische", also „Fleisch essende Gesellschaft", in der keine Menschen, sondern nur Tiere getötet und gegessen werden.

Drittens eine „vegetarische Gesellschaft", in der weder Tiere noch Menschen getötet oder gegessen werden, aber die körperliche Unversehrtheit und Freiheit der Tiere massiv eingeschränkt wird, etwa in Stallungen zur Gewinnung von Milchprodukten.

Viertens eine „vegane Gesellschaft", in der das Recht auf Leben und Freiheit für Menschen und Tiere gleichermaßen sichergestellt ist.

Es ist anzunehmen, dass sich die Mehrheit wahrscheinlich für den Gerechtigkeitsgrundsatz der veganen Gesellschaft entscheiden würde, um gemäß der Maximin-Regel die Gefahr auszuschließen, gegessen, eingesperrt oder gemolken zu werden. Es gibt sicher noch viele weitere Beispiele und Möglichkeiten, das Rawlssche Konzept anzuwenden, um gewohnte Denkbahnen aufzubrechen und neue Gerechtigkeitsgrundsätze in den gesellschaftlichen Diskurs einzubringen:

Man sollte eine Theorie der Gerechtigkeit als Anleitung zur Schärfung unseres moralischen Sinnes [...] sehen [...]. [75]

Rawls' Vermächtnis: Die unsterbliche Forderung nach Gerechtigkeit

Rawls hat für seine Theorie der Gerechtigkeit große Anerkennung bekommen, aber zugleich auch eine Lawine kritischer Reaktionen ausgelöst. Die Utilitaristen werfen ihm bis heute vor, nach der Maximin-Regel den Nutzen der Minderbegünstigten über das Gemeinwohl zu stellen, die Sozialisten und Kommunisten halten sein Unterschiedsprinzip, das unterschiedlich hohe Einkommen und Vermögen zulässt, für einen Verrat an der prinzipiellen Gleichheit der Menschen, die Wirtschaftsliberalisten sehen genau umgekehrt im Rawlsschen „Ausgleichsprinzip" eine ungerechtfertigte Gleichmacherei. Seine Theorie der Gerechtigkeit wird also von der neoliberal konservativen wie von der sozialistischen Seite gleichermaßen kritisiert.

Man kann zu Rawls' Theorie in der Tat unterschiedlicher Meinung sein. Eines steht aber fest: Er hat im Unterschied zu Platon und vielen anderen, nicht nur die Vision einer gerechten Gesellschaft formuliert, sondern diese auch modern und demokratisch begründet.

Denn jedes vernunftbegabte Wesen kann und wird, so Rawls, seinen beiden Grundprinzipien der Gerechtigkeit zustimmen, wenn der theoretische Nachweis gelingt, dass diese im Urzustand unter absolut fairen und angemessenen Bedingungen entstanden sind und daraus abgeleitet werden können:

> Den Urzustand könnte man den angemessenen Ausgangszustand nennen, und damit sind die in ihm getroffenen Grundvereinbarungen fair. [76]

An dieser Stelle bemerkten seine Kritiker: Es mag ja sein, dass man aus einer völlig fairen Abstimmung im Urzustand die beiden Prinzipien logisch herleiten kann. Aber diese Abstimmung unter dem Schleier des Nichtwissens hat ja in der Realität nie stattgefunden und kann auch in Zukunft niemals stattfinden. [77] Rawls war sich dieses Problems durchaus bewusst und hat es daher selbst thematisiert:

> So liegt die Frage nahe, warum, wenn diese Vereinbarung nie wirklich getroffen wird, diese [...] Grundsätze von irgendwelchem Interesse sein sollen. [78]

Seine Lösung:

Die Antwort ist, daß wir die der Beschreibung des Urzustands zugrunde liegenden Bedingungen tatsächlich akzeptieren. [79]

Seine Argumentation ist folgende: Wenn wir, also seine Leser, am Ende den Urzustand und die ihm zugrunde liegenden Bedingungen akzeptieren, die er sich so sorgfältig ausgedacht hat, dann ist es unwichtig, ob es ihn wirklich gegeben hat oder nicht, denn wir legitimieren den Urzustand nachträglich demokratisch durch unsere Zustimmung. Das Verrückte und zugleich Clevere an der Rawlsschen Konstruktion ist, dass er uns tatsächlich zwingt, uns darüber klar zu werden, ob wir seinem Konzept zustimmen können oder nicht, denn genau das ist letztlich der Kern seiner konsensualistisch demokratischen Beweisführung. Rawls will unsere Zustimmung, bleibt dabei aber, wie es seine Art ist, bescheiden und zurückhaltend:

Ich erwarte nicht, daß meine Lösung jeden überzeugen wird. [80]

Man kann mit den fairen Bedingungen im Urzustand und den Grundprinzipien der Gerechtigkeit also einverstanden sein, oder ihnen widersprechen. In beiden Fällen aber zwingt uns Rawls, Position zu beziehen. Er verlangt damit unnachgiebig eine persönliche Antwort auf die Frage, was gerecht oder ungerecht, was fair oder unfair ist.

Sein Weltruhm hängt wesentlich damit zusammen, dass er auf seine rationale und bescheidene Art am Ende doch zu einem der größten Provokateure der politischen Theorie des beginnenden 21. Jahrhunderts wurde. Er provoziert uns, selbst zu entscheiden, was gerecht und ungerecht ist, und nicht länger die Definition der Gerechtigkeit dem Staat, den Politikern und Juristen zu überlassen.

Er hat uns mit seinem „Schleier des Nichtwissens" ein schillerndes Entscheidungsverfahren an die Hand gegeben, mit dem wir in jeder Situation und zu jedem beliebigen Zeitpunkt unsere Vorstellungen von Gerechtigkeit überprüfen können. Wir sind zwar als moderne Menschen immer schon in bestimmte Zwänge, Konventionen und Rechtssysteme hineingeboren, doch das, so Rawls, darf kein Grund sein, diese als unwiderruflich zu betrachten und einfach hinzunehmen:

[...] man kann immer [...] fragen, wie eine vollkommen gerechte Gesellschaft aussehen würde. [81]

Zitatverzeichnis:

1   Zitat, John Rawls, Das Recht der Völker, hrsg. von Winfried Hinsch
    und Ludz Wingert, Walter de Gruyter Verlag, Berlin 2002, S. 162,
    im Folgenden zitiert als „Recht der Völker"
2   Zitat, John Rawls, Eine Theorie der Gerechtigkeit, Suhrkamp Verlag,
    München 1979, S. 19, im Folgenden zitiert als „Theorie der
    Gerechtigkeit"
3   Zitat, Theorie der Gerechtigkeit, S. 25
4   Zitat, Theorie der Gerechtigkeit, S. 28
5   Zitat, ebenda
6   Zitat, Theorie der Gerechtigkeit, S. 30
7   Zitat, Theorie der Gerechtigkeit, S. 36
8   Zitat, Theorie der Gerechtigkeit, S. 173
9   Zitat, Theorie der Gerechtigkeit, S. 29
10 Zitat, Theorie der Gerechtigkeit, S. 31 f.
11 Zitat, Theorie der Gerechtigkeit, S. 35
12 Zitat, Theorie der Gerechtigkeit, S. 21
13 Zitat, Theorie der Gerechtigkeit, S. 23
14 Zitat, Theorie der Gerechtigkeit, S. 106
15 Zitat, Theorie der Gerechtigkeit, S. 36
16 Zitat, Theorie der Gerechtigkeit, S. 169
17 Zitat, Theorie der Gerechtigkeit, S. 166 f.
18 Zitat, Theorie der Gerechtigkeit, S. 171
19 Zitat, Theorie der Gerechtigkeit, S. 112
20 Zitat, ebenda
21 Zitat, ebenda
22 Zitat, Theorie der Gerechtigkeit, S. 160
23 Zitat, Theorie der Gerechtigkeit, S. 160 f.
24 Zitat, Theorie der Gerechtigkeit, S. 173
25 Zitat, Theorie der Gerechtigkeit, S. 178
26 Zitat, Theorie der Gerechtigkeit, S. 179
27 Zitat, Theorie der Gerechtigkeit, S. 336
28 Zitat, ebenda

29 Zitat, Theorie der Gerechtigkeit, S. 123
30 Zitat, Theorie der Gerechtigkeit, S. 336
31 Zitat, Theorie der Gerechtigkeit, S. 82
32 Zitat, ebenda
33 Zitat, Theorie der Gerechtigkeit, S. 336
34 Zitat, Theorie der Gerechtigkeit, S. 83
35 Zitat, Theorie der Gerechtigkeit, S. 32
36 Zitat, Theorie der Gerechtigkeit, S. 98
37 Zitat, Theorie der Gerechtigkeit, S. 32
38 Zitat, Theorie der Gerechtigkeit, S. 101
39 Zitat, ebenda
40 Zitat, Theorie der Gerechtigkeit, S. 39
41 Zitat, Theorie der Gerechtigkeit, S. 336
42 Zitat, Theorie der Gerechtigkeit, S. 29
43 Zitat, Theorie der Gerechtigkeit, S. 28
44 Zitat, ebenda
45 Zitat, Theorie der Gerechtigkeit, S. 164
46 Zitat, Theorie der Gerechtigkeit, S. 12
47 Zitat, Theorie der Gerechtigkeit, S. 83
48 Zitat, Theorie der Gerechtigkeit, S. 121
49 Zitat, Theorie der Gerechtigkeit, S. 98
50 Zitat, Theorie der Gerechtigkeit, S. 122
51 Zitat, Theorie der Gerechtigkeit, S. 121
52 Zitat, Theorie der Gerechtigkeit, S. 122
53 Zitat, ebenda
54 Zitat, ebenda
55 Zitat, Theorie der Gerechtigkeit, S. 126
56 Zitat, Theorie der Gerechtigkeit, S. 127
57 Zitat, ebenda
58 Zitat, Theorie der Gerechtigkeit, S. 82
59 Vgl. Marion Weckes, Manager to Worker Pay Ratio 2017.
    Das Verhältnis der Vorstandsvergütung zur Mitarbeitervergütung im
    DAX30, hrsg. vom I.M.U., dem Institut für Mitbestimmung und Un-
    ternehmensführung der Hans-Böckler-Stiftung, Mitbestimmungsre-
    port Nr. 44, Düsseldorf 2018: „Diese Studie analysiert für jedes ein-
    zelne Unternehmen des Dax30 die Manager to Worker Pay Ratio. Sie
    zeigt die Spannbreite des Vergütungsverhältnisses des Gesamtvor-
    standes sowie für den CEO und die anderen Vorstandsmitglieder iso-

liert gegenüber den Beschäftigten auf [...]. Der Abstand zwischen der Vergütung der Arbeitnehmerinnen und Arbeitnehmer und den Vorstandsmitgliedern wächst. Die Schere öffnet sich weiter [...]. Lag der Durchschnitt der Manager to Worker Pay Ratio im Jahr 2005 in der damaligen Dax30-Zusammensetzung noch beim 42fachen, stieg er innerhalb von sechs Jahren bis zum Jahr 2011 bereits auf das 62fache an. Erneut sechs Jahre später wird im Jahr 2017 durchschnittlich das 71fache gezahlt [...]." Zitat Marion Weckes, Manager to Worker Pay Ratio 2017, ebenda, S. 6

60   Zitat, Theorie der Gerechtigkeit, S. 99
61   Zitat, Theorie der Gerechtigkeit, S. 83
62   Zitat, Theorie der Gerechtigkeit, S. 112
63   Zitat, Theorie der Gerechtigkeit, S. 32
64   Zitat, Theorie der Gerechtigkeit, S. 113
65   Rawls wurde mit „A Theory of Justice" von 1971 weltbekannt, verfasste 1993 noch ein zweites, umfangreiches Buch mit dem Titel „Political Liberalism", das allerdings weitaus weniger Beachtung fand. Es baut auf der „Theory" auf, enthält einige Neuakzentuierungen, versucht aber vor allem pragmatisch die bestehende Gesellschaft unter dem Aspekt des Pluralismus zu analysieren. Vgl. John Rawls, Politischer Liberalismus, Suhrkamp Verlag, Frankfurt a. Main 2003
66   Vgl. Norbert Hörster, John Rawls Kohärenztheorie der Normenbegründung, S. 64, in: Ottfried Höffe (Hrsg.), Über John Rawls Theorie der Gerechtigkeit, Suhrkamp Verlag, Frankfurt a. Main 1977, S. 57 - 76
67   Vgl. John Harsanyi, Can the maximin principle serve as a base for morality? A critique of John Rawl's theory, in: The American Political Science Review 69, S. 594 - 606, hrsg. von der American Political Science Association, Cambridge 1975, S. 595: Harsanyi kritisiert die mangelnde Alltagstauglichkeit der Maximin-Regel anhand von folgendem Beispiel: Wenn ein New Yorker zwei Jobs angeboten bekommt, einen schlechten daheim und einen sehr guten in Chicago, zu dem er allerdings einmal persönlich hinfliegen müsste, dann würde er gemäß Rawls Maximin-Regel den besseren Job in Chicago allein schon deshalb ablehnen müssen, weil das Flugzeug im schlechtesten Fall ja abstürzen könnte. Daran könne man die Praxis-Untauglichkeit der Rawlsschen Maximin-Regel sehen. Dieses Fallbeispiel würde Rawls allerdings als unzutreffend zurück-

weisen, da es sich nur auf das temporär begrenzte und einmalige
Risiko bezieht, das Flugzeug zu nehmen oder nicht. Im Urzustand
hingegen entscheiden sich die Menschen für Strukturen, in denen sie
ihr gesamtes künftiges Leben verbringen.

68 Zitat, Theorie der Gerechtigkeit, S. 160
69 Zitat, Das Recht der Völker, § 4, S. 41
70 Zitat, Recht der Völker, § 4, S. 41 f.
71 Zitat, Theorie der Gerechtigkeit, S. 162
72 Zitat, Theorie der Gerechtigkeit, S. 36
73 Zitat, ebenda
74 Zitat, Theorie der Gerechtigkeit, S. 173
75 Zitat, Theorie der Gerechtigkeit, S. 72
76 Zitat, Theorie der Gerechtigkeit, S. 29
77 Vgl. Michael Walzer, Kritik und Gemeinsinn, Drei Wege der
    Gesellschaftskritik, Rotbuch Verlag, Berlin 1990, S. 22 f.
    Walzer kritisiert Rawls Gesamtkonzept mit Hilfe der folgenden Par-
    odie als reinen Konstruktivismus: Leute aus verschiedenen Ländern
    treffen sich an einem neutralen unhistorischen Ort, zum Beispiel
    auf dem Mond und einigen sich auf ein Gerechtigkeitsprinzip. Dabei
    verständigen sie sich in Esperanto, denn sie haben ihre Sprache und
    Herkunftsländer unter einem Schleier vergessen. Warum aber, fragt
    Walzer kritisch, sollten sie sich, wenn sie irgendwann in ihre Länder
    zurückkehren, an Vereinbarungen vom Mond halten?
    Rawls könnte allerdings zu seiner Verteidigung antworten: „Weil das
    auf dem Mond Vereinbarte gerecht und fair ist."
78 Zitat, Theorie der Gerechtigkeit, S. 39
79 Zitat, ebenda
80 Zitat, Theorie der Gerechtigkeit, S. 32
81 Zitat, Theorie der Gerechtigkeit, S. 25

In dieser Reihe erschienen:

Walther Ziegler
Adorno in 60 Minuten
1. Auflage: Oktober 2017
96 Seiten, Paperback, € 9,99
ISBN 9783-7-4486-463-3

Walther Ziegler
Arendt in 60 Minuten
1. Auflage: August 2018
120 Seiten, Paperback, € 9,99
ISBN 9783-7-5288-843-0

Walther Ziegler
Camus in 60 Minuten
1. Auflage: April 2015
84 Seiten, Paperback, € 9,99
ISBN 978-3-7347-8170-4

Walther Ziegler
Freud in 60 Minuten
1. Auflage: April 2015
96 Seiten, Paperback, € 9,99
ISBN 978-3-7347-8024-0

Walther Ziegler
Habermas in 60 Minuten
1. Auflage: März 2017
128 Seiten, Paperback, € 9,99
ISBN 978-3-7431-8732-0

Walther Ziegler
Hegel in 60 Minuten
1. Auflage: April 2015
128 Seiten, Paperback, € 9,99
ISBN 978-3-7347-8128-5

Walther Ziegler
Heidegger in 60 Minuten
1. Auflage: April 2015
108 Seiten, Paperback, € 9,99
ISBN 978-3-7347-8169-8

Walther Ziegler
Hobbes in 60 Minuten
1. Auflage: Januar 2019
104 Seiten, Paperback, € 9,99
ISBN 978-3-7481-0127-7

Walther Ziegler
Kant in 60 Minuten
1. Auflage: April 2015
144 Seiten, Paperback, € 9,99
ISBN 978-3-7347-8172-8

Walther Ziegler
Marx in 60 Minuten
1. Auflage: April 2015
112 Seiten, Paperback, € 9,99
ISBN 978-3-7347-8154-4

Walther Ziegler
Nietzsche in 60 Minuten
1. Auflage: Oktober 2017
152 Seiten, Paperback, € 9,99
ISBN 978-3-7448-6482-4

Walther Ziegler
Rawls in 60 Minuten
1. Auflage: Januar 2019
104 Seiten, Paperback, € 9,99
ISBN 978-3-7528-4912-7

Walther Ziegler
Rousseau in 60 Minuten
1. Auflage: April 2015
112 Seiten, Paperback, € 9,99
ISBN 978-3-7347-2555-5

Walther Ziegler
Sartre in 60 Minuten
1. Auflage: April 2015
116 Seiten, Paperback, € 9,99
ISBN 978-3-7347-8156-8

Walther Ziegler
Schopenhauer in 60 Minuten
1. Auflage: Januar 2018
139 Seiten, Paperback, € 9,99
ISBN 978-3-7448-6463-3

Walther Ziegler
Smith in 60 Minuten
1. Auflage: April 2015
100 Seiten, Paperback, € 9,99
ISBN 978-3-7347-8157-5

Walther Ziegler
Platon in 60 Minuten
1. Auflage: April 2015
112 Seiten, Paperback, € 9,99
ISBN 978-3-7347-8158-2

Walther Ziegler
Wittgenstein in 60 Minuten
1. Auflage: April 2018
116 Seiten, Paperback, € 9,99
ISBN 978-3-7460-8226-4

Demnächst in dieser Reihe:

Walther Ziegler
Foucault in 60 Minuten

Walther Ziegler
Popper in 60 Minuten

Große Denker in 60 Minuten

Sämtliche Bücher der Reihe sind auch gebunden als Hardcover im gleichen Verlag erschienen.

Der Autor:

Dr. Walther Ziegler hat Philosophie, Geschichte und Politik studiert. Als Auslandskorrespondent, Reporter und Nachrichtenchef des Fernsehsenders ProSieben produzierte er Filme auf allen Kontinenten. Seine Reportagen wurden mehrfach preisgekrönt. Seit 2007 bildet er in München junge TV-Journalisten aus und leitet die Medienakademie auf dem Gelände der Bavaria Film, eine Hochschulbildungseinrichtung für Film- und Fernsehstudiengänge. Er ist zugleich Autor zahlreicher philosophischer Bücher. Als langjährigem Journalisten gelingt es ihm, das komplexe Wissen der großen Philosophen spannend und verständlich darzustellen.